婚後時代

新婚人妻與再婚人妻的交換日記

山本文緒 文　伊藤理佐 畫　陳銘博 譯

第1話

會想要一個人獨處嗎？

妳好，我是三十二歲的上班族。去年跟交往一年、大我三歲的對象結婚了，實現了我長久以來想要結婚的心願。我一直都非常想要結婚，我也很喜歡他，偶爾他也會幫忙做家事，真的讓人覺得很幸福。可是一年後的現在，有時腦子裡會浮現很強烈的「好想要一個人啊」的自私念頭！並不是因為我討厭我老公，只是突然就覺得他很礙眼！這種想法常會在週末的時候出現，不過我一直裝做不去在意。真的沒辦法將「好想要暫時獨處一下唷」的話說出口！我很擔心再這樣下去會不會害得我跟我老公離婚。

（三十二歲　美香　結婚一年）

各位好，我是山本文緒。新的連載又開始囉，還請各位多多指教。

這次連載的主題，「似乎」是由漫畫家伊藤理佐老師和寫小說的山本（我）來回答，關於身處不同家庭的兩個人如何面對結婚的各種問題。會使用「似乎」這麼含糊的字眼來描述這個連載，是因爲我們兩個人對於這個連載該怎麼進行都還沒有好的想法。但不試著開始的話，不管是我還是伊藤都不曉得這將會是個什麼樣的連載。我們兩個人是同時進行各自的部分，伊藤並不會先讀過我的文章後再畫漫畫，目前我們都還在觀望可以胡鬧到什麼程度才不會太過分。隨著連載次數的增加，我想應該能夠調整出一個適當的風格，所以剛開始的部分就先請各位諒解一下囉。

接下來就進入正題，先謝謝這位讀者讓我們在第一回的連載就遇到難以回答的問題。有時會覺得老公很礙眼是嗎？原來如此。雖然我很想說我完全不會有那種想法，但老實講，確實是有「要是老公能出去一下就好了」、「要是老公能夠加點班多好」、「多希望老公可以偶爾出個差啊」之類的想法。雖然這些想法不會一直盤據在心裡，但冷不防就會一閃而過。

王子（我老公的小名）是位非常完美的老公，這話由身爲老婆的我自己公開說出是有點那個老王賣瓜，但他眞的非常地體貼，就算我沒有開口要求，他也會先一步將家事做完。雖然這麼說……有時候還是會有「現在好想暫時獨處一下」的念頭，這種時候心裡眞的會充滿罪惡感。有種對「這麼棒的老公竟還不滿意」這件事本身就是個滔天大罪的感覺。

但是呢，一旦老公在家就不方便做的事卻是千眞萬確存在的。即便我和他結婚到現今已經邁入第七年個年頭，對我而言他就猶如空氣般存在，但還是會有很多事情是「想在沒人的時候做」。排第一名的事就是——除毛，大家應該都會贊同吧？還有在穿得舒適、隨性地看電視或漫畫時不希望有人來吵；再來就是工作進度落後的時候。

我和伊藤年輕時曾因爲太衝動而結過一次婚（並且吃了結婚這東西很多的苦頭），經歷過這段之後，我們學會了讓一個人的生活過得舒服愉快的方法，因此「不再婚」也是我那時的選項之一。所以就算只有一個人，我還是可以過得非常開心。不過呢，我從沒有打算「絕對不再結婚」。結婚後，從好的方面來說就是不會再孤單一人，從壞的方面來看就是沒辦法獨處、沒辦法再老是想做什麼就做什麼，而我也是在明白這些事的前提下再婚的。也因此我自己對於「想要擁有獨處的時間」這樣子的情緒，會覺得「這樣不行唷」，而且也沒有辦法那麼大聲地把話說出來。

一開始我和老公是採分居。因爲已經太習慣一個人的生活了，突然就要轉爲共同生活實在是件非常令人害怕的事。除了非常害怕自己的生活步調會被打亂，也非常害怕在同個屋簷下會產生許多的衝突及爭執。

之前我花光存款所買下的公寓是以一個人住爲前提而買的，要供我和王子兩個人住的話稍微嫌窄了點。而王子不愧是王子，他在北關東剛蓋了一戶類似伊藤曾蓋過的單人住的獨門獨戶的房子。如果我和王子兩個人都是上班族，回家只是睡覺的話，那還沒什麼大問題，但我的家同時也是我的工作室

（我想伊藤也是這樣）。一位作家跟她的老公要一起住在一間只要電視聲音稍微大一點，家裡四處就都聽得到的房子，我想應該是行不通的。

然而兩人世界免不了有空氣中飄著火藥味的時候，但彼此稜角相互碰撞，最後總能磨成圓角。所謂的夫妻生活，也許就是孜孜不倦地將數量龐大的凹凸不平處進行消滅的作業。我想不論是我還是王子，都是盡可能地讓對方知道自己希望對方做的事。

雖然這樣說，應該是不太可能會有人當「好想獨處」的念頭出現時，跑去跟對方說：「不好意思，可不可以請你出去一下吧。」因爲要是換成是自己被對方這麼說，一定會覺得很受傷。也因爲如此，我平常就會努力地確保獨處的時間，就算每次都只有一點點時間都好，以減少「唉～好想要獨處

差不多想要一個人了
文緒
大家好。我是文緒。
看吧！長了一堆毛出來了！
王子
哇啊

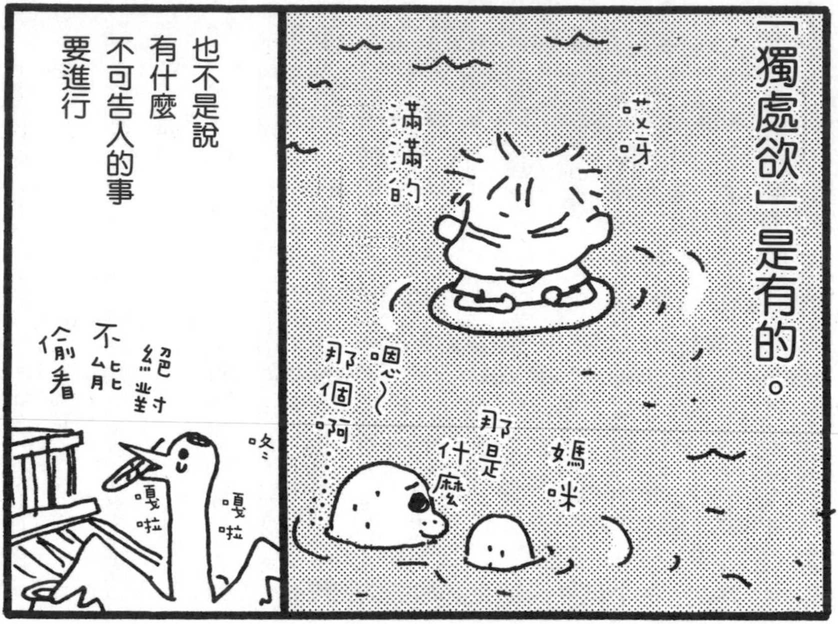
「獨處欲」是有的。
哎呀
滿滿的
嗯～那個啊……
那是什麼
媽咪
也不是說有什麼不可告人的事要進行
絕對不能偷看
咚
嘎啦
嘎啦

啊」的念頭冒出的次數。

我現在正小心翼翼地實踐一件事，就是讓兩個人生活起居的時間微妙地錯開。王子他有晚上不可能晚睡、早上會很早起床的習慣。而我則是相反。要是不管的話，我都會熬夜，然後早上爬不起來。我就是利用這點跟老公錯開生活起居的時間。有時王子晚上會小酌一下，那麼這天他就會早一點在九點前上床就寢，而到十二點之前，我就有多達三小時的時間能自己一個人做想做的事。因爲王子會起得比我早很多，所以他便會利用早上的時間上網、看電視、泡個舒服的澡、拿垃圾去丟、還有做早餐（連我的分）。當王子因爲工作或是應酬等原因而晚點回家時，就換成是我早點上床，早點起床做早餐。

這樣子的安排在平日還ＯＫ，問題出在

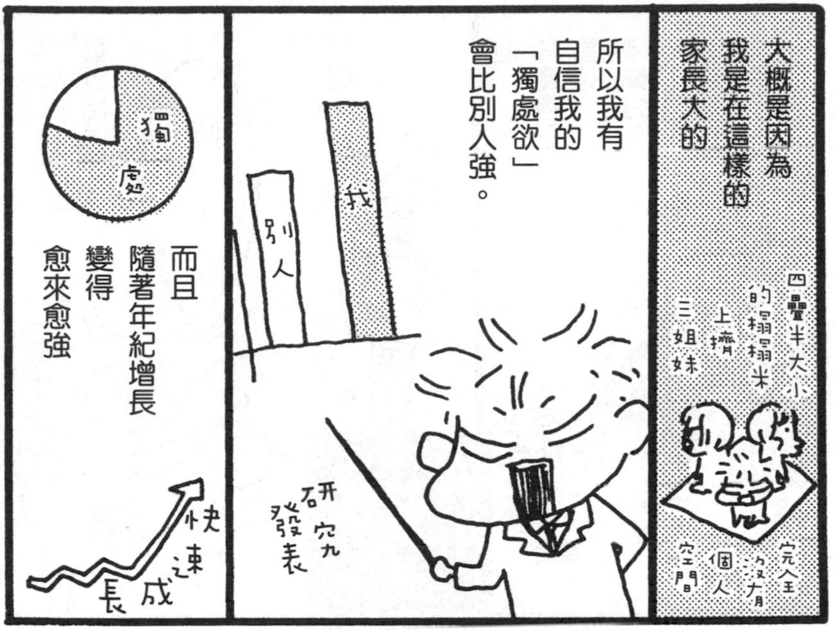

週末。新婚時，王子剛好在很忙的部門，一個星期只有一天的休假，而且通常那一整天的休假都會耗費在工作的準備上。那時我對王子沒時間陪我感到非常不滿。而現在王子能夠照著月曆上的假日休假了，這樣反倒讓我有點傷腦筋。對於自己的任性，其實我也滿無言的。

我們現在已經決定週末原則上是不工作的，下決定之後，心情不僅變得輕鬆，也從「老公休假我什麼事都不能做」，轉變成可以預先計畫好打掃及購物等一起做的事，或是做其他讓我們覺得開心的事。

如果出現工作多到做不完的時候，就會盡量選擇到圖書館、家庭式餐廳、咖啡廳或是漫畫網咖等地方工作。之前我曾經租過辦公室，但因為在家裡工作的話就能趁著工作的空檔做點家事、逗弄一下小貓，對工作效

但我最近結婚了。
咦……
咦 什麼啦！
老公
雖然說結婚了，
但其實房子還沒準備好
往返
兩個人還是各自住在自己租來的工作室＋住所的房子裡
而且是第2次結婚……

率和精神的提振也比較有幫助，所以辦公室幾乎沒用到，後來就解約了。那時非常深切地反省自己實在很浪費。

因爲這樣的原因，平日我都是在家裡寫稿。偶爾週末到外面寫時，反倒因爲新鮮感的關係而寫得比較順。最近常去的是大街上的自修室。漫畫網咖裡會有漫畫的誘惑，圖書館裡的座位常常被學生搶走。從這點來比較，在自修室工作的話，精神容易集中，而且會來自修室的都是大人，也安靜多了。那裡的費用也出乎意料地便宜，有電腦可以使用（稿子就存入隨身碟帶在身上），還備有舒服的沙發，自修室舒適的程式超乎想像。不過呢，當我爲工作焦頭爛額的時候，王子大多會很機靈地出門去。謝謝王子。

仔細一想，所謂家裡的空間，通常都是裝潢成老婆偏愛的室內設計風格對吧。換個

白一點的說法，所謂家裡的空間，就是老婆和小孩的地盤。

我認識的男性們，當老婆偶爾回娘家時，看起來就是分外悠然自得的樣子。但他們在家卻還是會感受到「老公，麻煩你出去」的氣味，看來是因爲家裡充滿了老婆「這是我的地盤」的意識吧。世界上有許多老公都夢想要擁有一間書房，或許就是因爲他們在家中沒有自己的地盤的關係。

我也以此深深自我警惕著，老婆是不是該偶爾將地盤讓給老公呢？讓他也能一個人獨處呢？就像是老婆會想要偷偷歇一會或偷偷地除毛一樣，老公也會想要偷偷地上一下香豔的網站不是嗎？

但是，「獨處欲」是有的。
哎呀
滿滿的
她還在
嗯……
老公去工作時，感覺輕鬆多了。
呼
要是在一起好幾天
例如旅行。
就會想要也分開差不多的時間
但還是在工作。
但老公回來的話，我就能睡得很安穩。雖然任性，但我也有這種討人喜歡的地方。
放鬆
呼嚕
快太了吧
對不起啦，我的**獨處欲**太強了。
雖然我在心中默默地這麼向他道歉

但這個人，
吹口哨
!?
「獨處欲」該不會比我還強吧？
出門時，感覺比我更開心。
就是明白
哈
「去吃點什麼好了」，比我更享受一個人的時光。
就是明白
明明跟我分開，卻比我更開心。不能原諒！
哇！這傢伙瘋了！
你真的有喜歡我嗎!?
……「獨處欲」能輸給他也還不錯吧……
真的好嗎？理佐
欸？

第2話

不會管理食材就無法結婚？

對於下廚，我感到很頭痛。正確一點來說，怎麼將食材用完讓我感到很頭痛才對。冰箱裡總會有超過食用期限的東西，可怕到不敢往冰箱深處裡瞧，而且其實不只是冰箱深處，連蔬果室和低溫保鮮室也一樣，幾乎可以說冰箱裡永遠都是這個樣子。看了妳和伊藤小姐的文章和漫畫，兩位似乎都能嚴守食用期限，雖然兩位乍看之下不太像，但其實都是料理高手吧？女人是不是不會做菜就無法結婚呢？

（二十九歲　乃里子　未婚）

冰箱就好像是家裡的黑洞對吧。和室的小櫥櫃也算是相當厲害的黑洞，不過就算東西堆積在裡面不見天日這點跟冰箱很像，但小櫥櫃裡面的東西並不會腐壞發出惡臭，這樣比起來小櫥櫃造成的損害應該很少。相較之下，冰箱就非常糟糕了。就算有冷藏，只要是食品就會有腐壞的一天。而且還會意外地提早腐壞成令人不忍卒睹的狀態。不曉得妳有沒有看過小黃瓜或茄子液狀化的經驗呢？那景象可是比差勁的神怪電影更令人起雞皮疙瘩。此外也讓我明白蔬菜的成分眞的大部分是由水分組成的。

不過一般人並不會那麼仔細地去看冰箱裡面有什麼東西不是嗎？打開冰箱後立刻將東西拿出再甩上冰箱門不是節能省電的標準動作嗎？因爲不會一直開著門瞧東瞧西的，所以應該沒辦法悠哉地確認冰箱裡面到底是什麼狀況才對。

剛說的其實都是藉口。我知道那些都是藉口，因爲我是個會讓蔬菜放到腐壞掉的女人啊……關於冰箱的問題，我可是隨便到了極點，是個不及格的女人。

至於我是料理高手這樣的謠言究竟是從哪裡傳出來的呢？是從作品嗎？還有像是我並不會開車這件事曾讓讀者感到非常驚訝。大概是因爲我的作品裡出現不少對開車好像駕輕就熟的角色，所以讀者們也就認爲我會開車。其實我對於車子的事不熟悉到令人難以置信，哪個是油門、哪個是剎車、哪個是方向燈、哪個是雨刷我都搞不清楚。在料理這件事上面也一樣，就算小說裡的角色能夠功力一流地做出美味的菜色，也不代表我本人就能做得出來啊！東野圭吾（推理小說家）不可能去殺人對吧？京極夏彥（推理小說家，作品多以妖怪爲題材）也不會和妖怪說話對吧？同樣的道理套用在我身上也是一樣。所謂的作品，裡面的組成成分絕大部分都是幻想。

不過就算明白這些事，我也一樣會想：「伊藤該不會是位能夠將冰箱裡的食材用得一樣不剩的賢慧妻子吧？」因爲在伊藤的漫畫裡就曾出現主角將婆婆送來的大量蔬菜用各種方式料理，還將蔬菜全部用完的劇情（最後主角的肌膚因爲蔬菜的功效變得光滑水潤）。她的作品裡也曾出現皮蛋大森先生跟他的女友一起拚命將剩下的食材做有效利用的劇情。對了！不過也是有出現電視節目沒事先通知就跑去突擊檢查冰箱內容，結果出大糗的橋段呢。

因爲我沒開過伊藤家裡的冰箱，所以也分不清是眞是假，但總歸就是讓人覺得伊藤理佐的作品裡有很多和冰箱有關的題材。順帶一提，我記得在她自己住的獨門獨戶的房子裡，放著一台閃耀著銀色光芒的超大型冰箱。

接著來談談我家的冰箱，尺寸的話呢，非常的小。之前有位單身的女編輯來我家玩看到冰箱時，「欸！好小」不小心說溜了嘴。那時我才覺得原來不是我自己的心理作用，是眞的很小。那台冰箱從我單身時就使用，雖然跟王子同居時我有想過要換一台家庭號的，但遭到王子強烈反對。理由是光是目前這一台就已經有多餘的東西放在裡面了，要是繼續增加還得了。

說到這個，新婚的時候，王子把我在生協（全名爲日本生活協同組合連合會。爲合作社形態的組織，食材販售商店也是其服務項目之一）買回來的商用八百公克的炸雞塊及許多哈根達斯冰淇淋拿出冰箱後舉得老高。我說這些是以防突然肚子餓時要用的儲糧，結果被他嚴厲訓斥：「妳說這是想減肥的人的冰箱嗎？」不過這件事跟食用期限的話題無關就是了。

我確實沒有操作最先進的大型冰箱的才能。冰箱愈大的話，它作爲擺放東西的棚架功能應該會比作爲冰箱的功能還大。蔬菜會在黑暗中慢慢地扁皺起來，而魚會在低溫保鮮室裡放到乾掉。冷凍庫裡的東西則會如同長眠於西伯利亞永凍層裡的長毛象一樣被我所遺忘。

我對料理並不拿手，但也不會討厭下廚。反而我過得還是每天自己下廚的生活。雖然我也喜歡外食和便利商店的便當，但一直這樣的話，除了會累、會吃膩之外，體重也會增加。自己煮的飯（正確來說是飯鍋煮

我家裡現在的冰箱
是「首次變小」的冰箱
為什麼說是「首次變小」呢？
因為從前買冰箱沒經過思考就選擇了大的
從沒有冷凍室的機型開始

的飯）好吃又吃不膩，而且小腹也會不一樣。配菜的話只要有蛋和醃菜就夠了。既簡單又經濟。

那麼問題出在哪裡呢？或許就在於「硬是要求自己不能老是吃自己愛吃的東西」這個想法。我眞的超級喜歡吃肉，尤其是豬里脊肉。可是若老是吃豬肉的話，不用說自己也會變成一隻豬，所以就想說也必須要吃魚和蔬菜才行。必須要吃魚和蔬菜→所以買了很多→但是提不起勁→還要用菜刀切，麻煩→繼續放著→腐壞。就這麼不斷地重複這個循環。

雖然有這樣的問題，但在我還是單身的時候，冰箱裡的東西可是很正常地進進出出。因爲料理的變化較少，所以也沒有那麼頻繁地購買食材。冰箱會掉進這混亂之路是從兩個人一起使用一台冰箱之後才開始的。

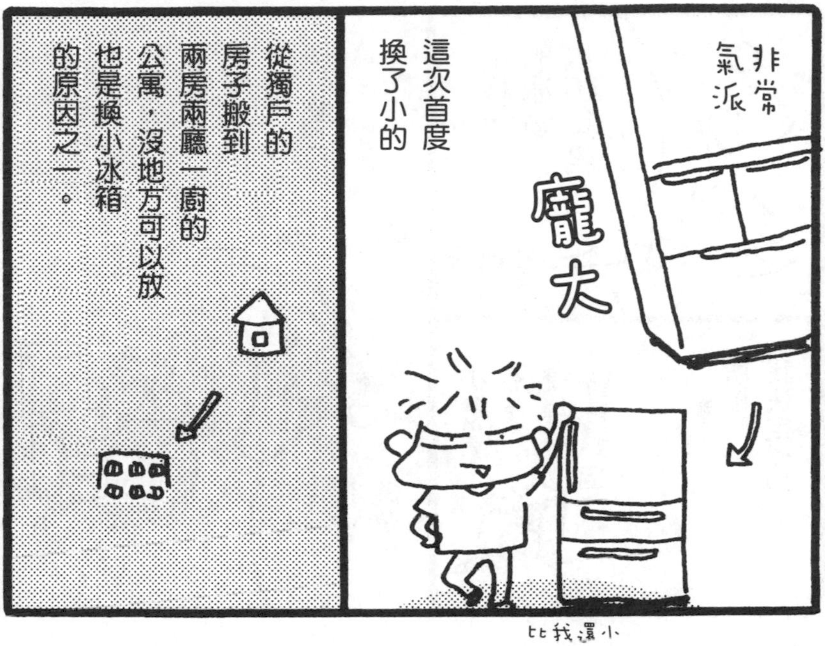
非常氣派
龐大
這次首度換了小的
比我還小
從獨戶的房子搬到兩房兩廳一廚的公寓，沒地方可以放也是換小冰箱的原因之一。

王子雖然並非很會做菜，但他也是自炊派。一開始，王子做的料理完全自成一派，有時好吃有時難吃，味道很不固定。而且王子不喜歡將食材丟掉，所以他會將剩下來的蔬菜再拿來大概煮一下，味道可想而知不怎麼樣。而我好歹有去料理教室學過做菜，因此基本中的基本都能掌握，應該是沒做過非常難吃的菜（但被嫌過調味太鹹）。

因爲若這麼繼續下去，我就必須一直吃王子偶爾用剩餘食材做出來的無名難吃料理，這是很痛苦的一件事，所以後來我會把料理食譜拿給他看，跟他說「做這道吧」，請他照著食譜做。

一開始王子覺得這樣很麻煩，但他發現照著食譜做的話，做出來的味道就會非常好，從此之後，王子自炊的本事就愈來愈好。這也讓他開始燃起對料理的興趣，會自

己去找食譜來看，也會做一些少見的料理。購買食材時也會自己去，有時還會買例如鯷魚、XO醬、白酒醋這些我絕對不會買回來的東西。不過這些東西通常只用過一次後就會一直放著。這麼一來，冰箱裡的貯藏品就又變多了。因爲是買來的，所以會捨不得丟掉。等到那些東西在冰箱深處裡睡了半年左右，差不多應該死掉的時候再偷偷拿去丟掉。

一台冰箱的使用人數愈多，冰箱就愈容易變成一團混沌。有兩個小孩以上的家庭的冰箱如果能一直保持在整理過的狀態，那眞是一項了不起的才能。

不過最近我們家的冰箱的狀況比以前好多了。會出現這樣的變化應該是因爲夫妻倆吃的食物變得相似的關係。怎麼料理與消耗掉買回來的食材都開始有了常態的方式。每

個人吃的食物是會固定不變的；而夫妻兩個人一起吃的食物或許也會漸漸變得如此。

所謂的料理高手究竟是指什麼樣的人呢？我並不曉得爲客人做出美味料理的人是不是會妥善地把剩下來的食材也用完。而會把食材用到一點都不剩的人做的料理是不是就一定好吃呢？好像也未必呢。做菜的本領和冰箱中的內容之間，或許並不存在因果關係唷！

從冰箱似乎能夠毫無掩飾地直接看出我的精神狀態。
連燈都有……
會發出嗡嗡嗡聲……
現在也是愈是忙碌的時候，就覺得愈透不過氣。
都是沒吃完的……
不忙的時候，心情會覺得很清爽。
啪
叭
抖
所以每次我的冰箱被人打開來看時，就會覺得很害羞……
啊~
啊~
撲通
撲通
撲通
有什麼咧？
之前還是用大冰箱的時候，東西常常放到壞掉……
冰箱正在被人看
撲通
撲通

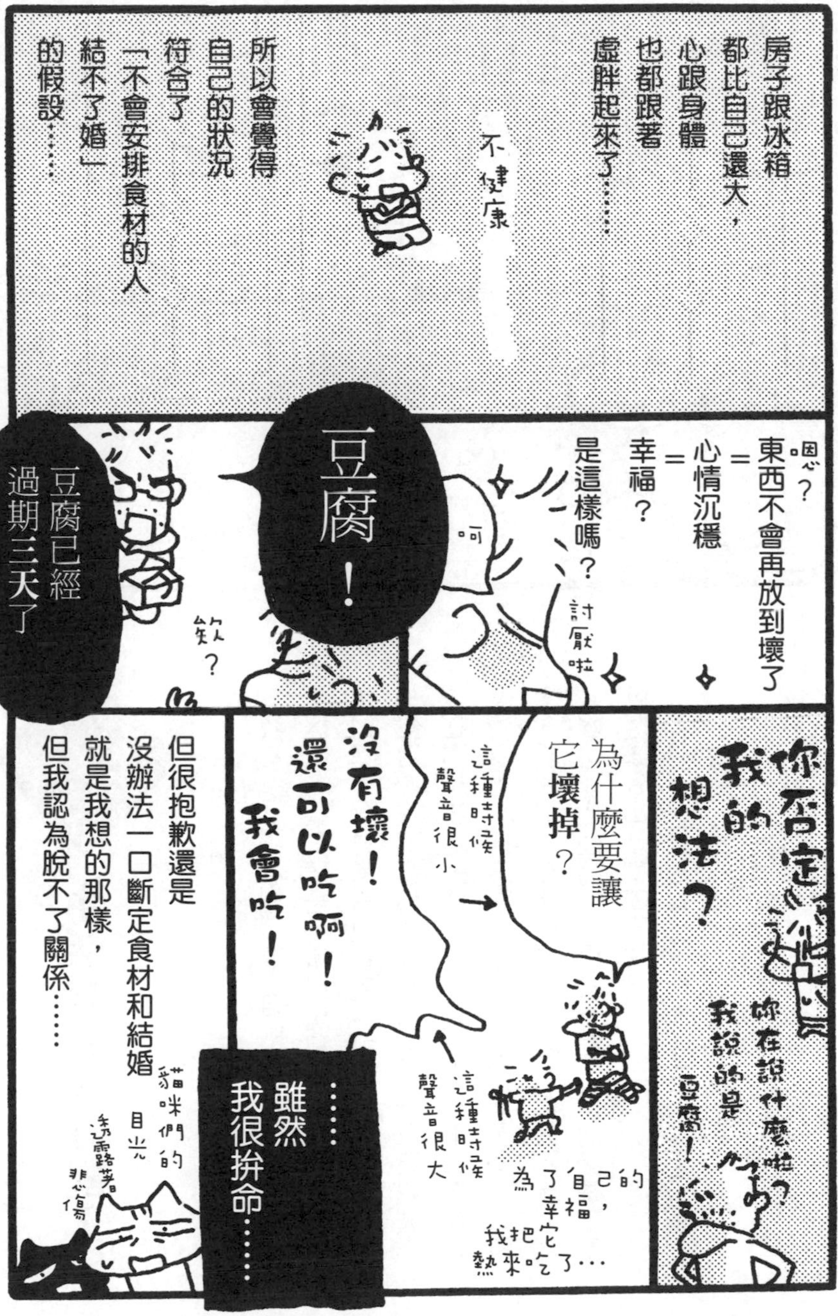
房子跟冰箱
都比自己還大，
心跟身體
也都跟著
虛胖起來了……
不健康
所以會覺得
自己的狀況
符合了
「不會安排食材的人
結不了婚」
的假設……
嗯？
東西不會再放到壞了
＝
心情沉穩
＝
幸福？
是這樣嗎？
呵
討厭啦
豆腐！
欸？
豆腐已經
過期三天了
你否定我的想法？
你在說什麼啦？
我說的是豆腐！
為什麼要讓它壞掉？
這種時候聲音很小
沒有壞！還可以吃啊！我會吃！
這種時候聲音很大
為了自己的幸福，我把它熱來吃了…
但很抱歉還是
沒辦法一口斷定食材和結婚
就是我想的那樣，
但我認為脫不了關係……
……雖然我很拚命……
貓咪們的目光
透露著悲傷

第3話

生活費怎麼分配？

我和老公結婚兩年，目前住在我上班的公司提供的員工宿舍，所以房租會從我的薪水中先扣除，食材常常也是我在採買。突然意識到「生活費該不會都是我在出吧？」有天我裝作是在開玩笑地跟他說：「至少出一下電費和瓦斯費嘛！」結果卻惹得他不高興鬧起了彆扭……坦白講，薪水一樣的話（雖然說不定我的薪水可能比他高），但都有在工作的話是不是就應該各出一半才對呢？

（三十六歲　咲子　結婚兩年）

我認為女人的私房錢曾經代表著女人持家的能力。妻子的重大工作之一就是要能高明地運用老公交出來的薪水管理家計，再祕密地將節省下來的錢藏到衣櫥的深處裡存起來。女性要嫁人時，母親都會從旁指點說：「老公會有生病的時候，開支也會有突然變多的時候，一定要準備好緊急時用的錢才行。」不過到了現今，私房錢的意義已經有了截然不同的改變。

現在當然還是有很多老公出去工作、老婆負責家事這種形態的夫妻。但相較於數十年前的情形，確實已經有了很大的改變。一般而言，現在家裡的錢都會存在金融帳戶裡，而那個戶頭是誰的名字就是關鍵了。如果絕大部分的現金都是存入老公的戶頭，那麼其中一半應該會自動屬於老婆。又或者家計費用全部都存入老婆的戶頭，老公每月只能領到少少的零用錢，如果是這樣子的方式，老公也許連私房錢都存不了。

我認為私房錢在從前算是家計的一部分，以備發生不測時使用。它的功用應該也包括當老婆把老公休掉時，就能派上用場作為當下的生活費。感覺上私房錢就是一種在不影響家計的前提下，從中拿出一部分作為保險之用的錢。不過在今日，存摺上印著個人的姓名，就不再給人裡面的錢是「家計」的感覺，取而代之的是「自己的錢」的感覺來得強烈。

話說回來，錢的事眞的是很棘手。不論是工作場合裡的錢，還是個人生活裡的錢，用起來都會讓人非常勞心費神。

對於別人家的夫妻是怎麼分配金錢的，我現在產生了莫大的興趣。但在現實生活中是不太可能深入地詢問別人家的情況。這麼說來，伊藤也沒提過這一類的話題。我想不只是伊藤，絕大部分的人應該都不曾清楚地跟別人談論自己家的家計，因爲這是很敏感的問題不是嗎？

而我們家的情況則是因爲兩個人都在工作，所以基本上都是平均分擔的。我們家有所謂的共同錢包，兩個人會拿出一樣多的金額放到裡面，要到超市採買或是一起外出吃飯時就會拿共同錢包裡的錢來付。等到裡面的錢用完了就再放進一樣金額的錢。如果用自己的錢買了例如日常用品，之後可以從共同錢包裡拿回那部分的錢。但我覺得很麻煩所以很少拿，王子好像也是這樣。我們家並不會連水電、瓦斯費都要嚴格地做到平均分擔，況且平常也沒有記錄家計薄的習慣（但我有記錄自己的帳簿），還眞是馬虎對吧。

一直以來我們家都是這樣子過，倒也沒出過什麼特別的狀況……本來是很想這麼寫，但我想到曾發生過一件事：新婚那時候，有件事嚴重惹惱過王子。

是關於停車費。我曾經跟老哥透露過公寓停車場的停車費是由我付的，而這件事傳到了王子的耳裡。那時王子責備我「爲什麼不當面跟我說，有什麼不滿的話要直接講啊。」我完全站不住腳，每次想到這件事都會覺得很丟臉。爲什麼當時我會發牢騷似地向老哥說那些像是在背地裡說人壞話的事呢？停車費確實是不少錢沒錯，可是仔細想一想，車是王子買的，會開車載我到我想去的地方也是王子。

而且當初買公寓時，一開始就是我主動去繳錢租車位的。想來我那時根本還沒培養出夫妻同體的觀念，而且我也還沒做好要跟王子認眞討論家裡的錢的心理準備。大概也是害怕提到錢的事會惹王子不高興。但王子擺明就不是一個會因爲那種事而不高興的人，眞替那時幼稚的自己感到難爲情。

對於像我們家這種兩個人都在工作、也沒有小孩的夫妻而言，「家計」的感覺應該到現在都還非常薄弱吧？自己賺的錢當然是自己的，兩個人再從自己的錢拿出一部分維持生活，這感覺很像是兩個一起分租房子的室友的生活方式。

不管是從前還是現在，事先存好緊急及年老時需要的錢這點應該沒有改變。但我覺得這明顯是「爲了離婚時不會吃虧」，所以把自己賺的錢保留給自己用。這算是以離婚爲前提在思考事物嗎？雖然我並不認爲這樣是錯的。

不過呢，如果夫妻同樣在公司上班，擁有一樣的年收入，那麼至少在錢的這個部分應該很乾脆地一人負擔一半。難處理的應該是勞力的部分該怎麼分擔吧？誰做資源回收？誰來摺衣服？誰負責在塞車時開車？誰

幫小孩換尿布？誰出席PTA（各學校中由學生家長和學校教職員組成的組織）的集會？想要依照雙方的收入正確地將這些雜事平均分配是幾乎不可能的。

有次在烤雞肉串店聊到了這個話題，一位男性友人說了一個很有意思的故事。K家裡會吵架的原因大多和錢有關，會這樣是因爲K的老婆在結婚後沒多久就辭掉了工作。詳細的經過是，有一天K從外面打電話回家，結果接電話的老婆以非常不當一回事的口吻告訴他：「對了！公司啊……我辭職了唷！」K本來以爲兩個人往後都會一直工作，所以對於老婆沒和他做過任何商量就辭掉工作這件事感得非常氣憤，從那之後兩個人便開始圍繞著家計掀起了攻防戰。不過K也沒有硬要老婆出去工作，房租和水電瓦斯費也都是從他的帳戶裡扣，也會給老婆生活

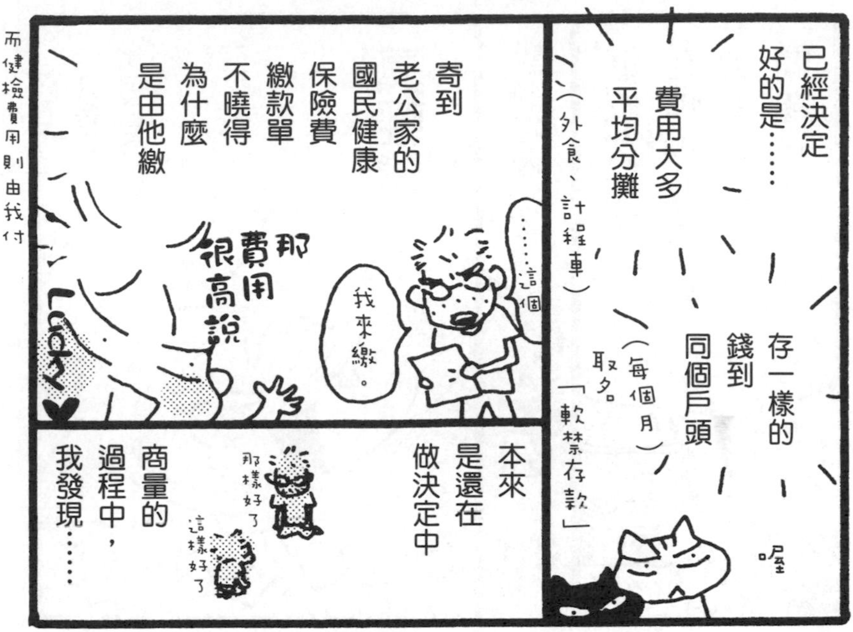

費，這讓我覺得K「實在太偉大了」！但我的感想也就只有那樣，並沒有貼近K的心情。要說我對於這故事留下的印象，大概就是覺得K的老婆幹得好。

然而我回家後跟王子說了這個故事，王子卻超乎我想像地非常生氣。「這樣子可以離婚了好嗎！這和老公早上沒去上班，問他怎麼還在家時他回答『因爲我辭職了。欸？我沒告訴妳嗎？』一樣不是嗎？這種事要商量啊！不商量怎麼可以隨便做決定。」

唔～原來是這樣。這麼一說我就能理解了。我那時沒有覺得有人替女性出錢有哪裡不對，或許是因爲我一直認爲女性是「弱者」的關係。

不過視時間、場合而定，我認爲女性也會像小孩及老人一樣是弱者。但身體健康能夠工作的人就應該工作。這裡提醒一下，並

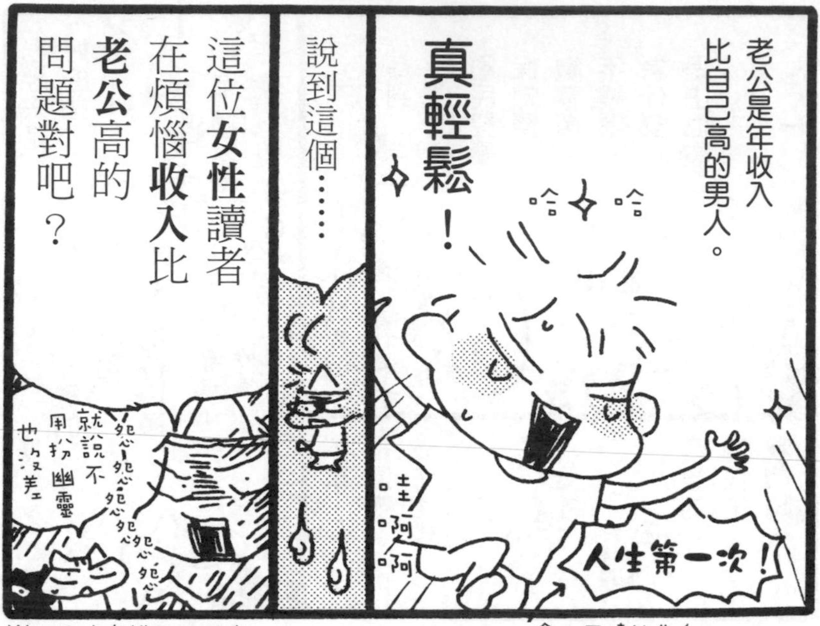
老公是年收入比自己高的男人。
真輕鬆！
哈 哈
人生第一次！
哇啊啊
說到這個……
這位女性讀者在煩惱收入比老公高的問題對吧？
就說不用扮幽靈也沒差
怨怨怨怨怨怨

※但並沒有說收入很高

令人同情的告白……

不是只有賺錢才叫做工作，勞力的付出也是工作。因爲我不認識K的老婆，所以無法多說什麼，但這段故事的男女角色若是顚倒過來，給人的會是「眞差勁」的印象對吧？

人們在結婚時會發誓說無論是生病、是健康都會陪伴對方一輩子。但是人們往往會忘記生病這個部分。一直以來，我都是秉持著自己的吃飯錢自己賺的原則在過日子，因此也存了一些錢以防突然生病需要住院，也曾因爲有這筆錢而能夠安心。

但是在我病到無法工作，因爲不曉得什麼時候才能治好而感到絕望的時候，王子跟我說不要工作也沒關係，這讓我打從心底覺得開心。那時我就想著我要將病治好恢復健康，要是王子有一天身體也變得虛弱了，就換我跟他說：「錢我會賺，你把工作辭掉沒關係的。」我會爲了王子而工作。那一瞬

就算以
「男女平等」、
「對男人來說，那很平常」、
「獲得對方等值的幫助」
這些理由來思考，
我還是完全想不通……
對我而言，
就算我收入比較多，
還是有很多不能說、
不能做的事……
女性
要更有志氣
才行……
布
密
層
層
我第一次發覺到
這些不能說、
不能做的壓力……
解放後

（示意圖）

我是沒志氣的女性……

間，曾經是一直只爲自己而工作的我，產生了要爲了家人而工作的念頭。

　只要擁有家人，自己所賺的錢就未必能夠是自己的錢對吧。不管這樣是好是壞，總之就是這樣。對那種認爲自己的錢就算只有一圓用在別人身上也覺得吃虧的人，我想是不適合結婚的。

那麼，關於「無法作為參考」的我們家的「費用大多平均分攤」……
當我覺得我們家吃的飯
是我買的
嚼
嚼
再來一碗
「為什麼是由我付錢」時，我就會……
吶~給我買擂缽
買個鍋子啦~
我想要好一點的蘿蔔泥削刀~
嗯哼
對了，還有搗棒
毯子破了啦~
纏著他買：
・會長久使用的
・兩個人使用的
・價格有點高的
・重要的東西
盡量合乎邏輯
如果自己的收入比較高的話，這個「纏著他買」的行為應該就不會有什麼效果……
吶~
吶~
沒辦法習慣，還是會臉紅……
哈
哈
哇
真是討人厭的傢伙

沒有米這件事，男人好像會很震驚……
不過漸漸習慣後，我連米都能要到了。
今晚的米沒了~
嗯哼~
要米的關鍵是要在當天才說
米!? 我知道了！
最近的戰利品……
竟然說是戰利品……
防災收音機
好想快點能夠要到鑽石唷。
哈
哈
綜上所述，錢是很重要的。至於錢的問題，就算談不出結論，
哪來的綜上所述
那樣好了
這樣好了
還是要跟他多談一點比較好。
可以明白對方的想法
哎呀~錢是很重要的唷！
喂！妳剛說過了
又沒有其他人可以討論「錢的事」
把老公灌醉後再慢慢談如何？
把老公灌醉想幹嘛啊？
嘟嘟
噥噥
嗝
討論錢的事啦

第 4 話 沒有「夫妻臉」不行嗎？

前些日子，聽一位有離婚經驗的前輩說：「日本有句話叫『個性相似夫妻』，同樣地，有夫妻臉的夫妻會處得比較順利喔！」在這之前，我一直相信人類在本能上會為了讓遺傳基因平均化而偏愛和自己的長相完全相反的類型。實際上，我的長相是屬於深輪廓，而喜歡的長相類型是「韓流明星」般的淺輪廓。我跟交往對象的相處一直都不順利，是不是前輩說得對？是不是沒有夫妻臉就行不通？一想到必須改變我喜歡的長相類型，晚上就睡不著覺。

（二十八歲　今日子　未婚）

長相的偏好眞的很神奇呢。每個人各有自己所喜歡（或不喜歡）的類型，其中有沒有存在一些法則呢？

過去我隱隱約約覺得，少女會對特定男生產生好感的主因會不會是因爲對方的長相和自己的父親相似。只要不是非常討厭自己的父親，自己最親密熟悉、也最包容疼愛自己的異性就是父親。再加上自己和父親有直接的血緣關係，所以不論怎樣都無法否定女兒應該會有和父親相似的地方。承上所述，「人會喜歡跟自己的長相比較像的異性」的三段論證應該可以成立。

不過若是回想一下現實中的情況的話，就會覺得自己的說法好像不太正確。因爲多數的少女會喜歡的是電視裡的偶像明星對吧？但跟那些偶像明星也沒見過面、聊過天，所以喜歡不喜歡果然還是靠長相來判斷。若討論的對象不是電視裡的人，換成是身邊的同學，往往還是帥氣的男同學最受歡迎不是嗎？而學校裡的帥氣男同學也絕對不會長得像自己的父親吧？我高中的時候曾加入澤田研二的粉絲俱樂部，但我的父親怎麼可能長得像 Julie（澤田研二的暱稱）呢？（不過總覺得澤田研二六十歲後變得和父親很像）。此外，剛才是先討論女生的情形，而男生的話，似乎很少有人會喜歡長得像自己母親的女生。要是眞出現這樣的男生，眞對不起，我會離他遠一點。

人們多半都會覺得長相端正的人是具有美感的，有時還會讓人不禁臉紅心跳。當然也有不會臉紅心跳的人，但應該只是還沒到產生好感的程度而已，心裡至少仍會認爲「這人長相端正，應該很受歡迎」。

但是所謂的帥哥啦美女啦能夠大受歡迎

也只有年輕的時期而已。在成人的世界裡，不是只靠長相就夠的，人們會以身材、言行、各種能力等綜合評分判斷出「這個人是美麗又優秀的」，不會再是只有長相美麗的人才能博得歡迎。以近年來的傾向來說，「有趣的人」的分數好像提高了，所以也才會出現「難得長得不錯，說起話來卻這麼無趣」這種評語。

話說回來，那天加上伊藤，我們一共五個女人吃了頓久違的飯。那時我直白地問了伊藤一個少女們喜歡問的問題，類似「以藝人來說，誰是妳喜歡的長相類型」？伊藤沒有馬上開口回答。雖然有舉了幾個人，但都只是勉強算是接近喜歡的感覺。印象中有提到高嶋政宏（高嶋兄弟（兄弟兩人皆爲演員）裡的哥哥）。當我改問她「妳老公是妳喜歡的類型嗎」時，她「嘿嘿」地笑了兩聲後開始大談她和老公兩個人之間的甜蜜，感覺超幸福的。這個新婚的傢伙。順便一提，我只有在雜誌上看過伊藤老公的照片，但我覺得和高嶋政宏一點都不像。

在大家七嘴八舌熱烈地討論著長相話題的過程中，同樣在場的藤田香織小姐說：「了解自己的長相是屬於哪種類型的人很少不是嗎？」確實可以這麼說。就算至少能夠判斷輪廓的深淺，但大多數人都沒辦法再進一步地說得更詳細不是嗎？對於別人的長相可以說得頭頭是道，但要正確地認識自己的長相卻是極難的一件事。

畢竟，你能夠認眞地注視著一面鏡子嗎？雖然在化妝的時候還是會看著鏡子，但從鏡子裡看到的是化妝後的成果，是非常缺乏客觀性的觀察角度。自己的感覺和別人的感覺是絕對不會準確地一致的。人們不是每次看照片時都會驚訝於照片裡的自己和自認爲的不同不是嗎？而且明明就感到驚訝，卻幾乎不會有人把自己所認爲的長相修正過來。

說到長得像不像，伊藤和我，似乎給人感覺兩個人長得很相似的樣子。我們第一次見面時曾被旁邊的人說：「妳們兩個人長得好像表姐妹呢。」此外我和某位女性編輯也長得很像，站在一起拍照的話，確實看起來非常像，像到曾有某出版社社長叫錯人的程度。而最近那個人的臉整個瘦了下來，髮型也很微妙地多了女人味，突然發現她的長相變得跟山本夢娜（原爲新聞主播，後轉型爲藝人。父親爲挪威人，母親爲日本人的混血兒）一模一樣了。愈看愈像夢娜。爲什麼一直都沒發現呢，簡直令人不可思議的夢娜。那麼是不是可以用三段論證來證明一下伊藤理佐長得像夢娜呢？當然我則是一點都沒有夢娜的影子。長相眞的是非常神奇的東西啊！

話說回來，要是能生得一副山本夢娜的長相，那麼人生將會大不相同吧？一定會過得很囂張吧？究竟美女的人生是什麼樣子的呢？是比旁人所看到的還艱辛呢？還是果然有許多美好的部分呢？

不要看我這樣，我認為人絕對是以貌取人的。
不會以貌取人的長相……
我認為長相決定一切！
決定一切！定一切！一切！切！
那個……我指的並不是「喜歡帥哥」、「美女很不得了」這種。
難說出口的話就對著山說。

「女人重要的是長相」，似乎是這樣呢呢!?會用這麼不篤定的語氣是因爲其實我對這句話沒有什麼深切的體會。

當然所謂的「長相」並不是就只有臉而已，應該還要加上髮型和身材後的整體感覺。就算一個女人的五官端正漂亮，但體重重達一百二十公斤的話，幾乎不可能會有男人說她是位美女。除了極少數的「美女」以外，大部分長相普通跟「醜八怪」的女性，體重好像就不再算是一個問題了。

我一直認爲自己的長相若以三階段的評比來說的話是屬於普通的那一種。因爲我認爲所謂的醜八怪是指性格上的醜陋很明顯外露出來的人。例如對住在同棟公寓的女人打招呼卻完全不被理睬時，我就會判定「唔～這傢伙是醜八怪」。然而這個社會的評語是很殘酷的。

而是我認為跟不喜歡的長相的人是沒辦法在一起的！
一起起的的的！！
所以，我是很喜歡我老公的長相和身材的。
嗯
好棒唷！粗眉毛真棒呢！
讚美。
扭捏
扭捏
是嗎？
謝謝。
已經習慣→被我讚美。

我曾在無意中看到不認識的人的網誌裡寫著：「山本文緒寫了很多內容抑鬱的小說和散文，雖然都很好看，但我從沒讀過她煩惱自己長相的文章，這令我覺得不可思議到了極點。」

我嚇了一大跳。唉，雖然已經看過數不盡的批評和壞話，但令人感到不可思議地直接批評長相的事倒從沒遇過（可能有人寫過，但我沒讀到）。好像我的長相是屬於必須要相當抑鬱才行的那種等級。雖然我曾試著想：「原來是這樣嗎？我知道了，今後我會多留意的。」但又想這長相也沒什麼不方便的地方啊！不對，這應該是一張出現在媒體上會讓其他人感到不愉快的長相，所以也許的確是不方便。不過呢，雖然我已知道了自己是「醜女」，但現階段老公或朋友也沒有對我提出「長相不處理一下不太好喔」的

我問妳
妳喜歡哪種類型的人？
抱歉是個很常見的問題
文緒呢？
呀
呀
久違的聚餐
熬出來的結論是，
咕嘟
咕嘟
兩個人都喜歡「骨頭大」的人！
哈哈哈
有骨氣！

忠告，路上的行人也沒有嚇到回頭看啊！

因此我突然想，連別人的長相都那麼在意的人，其實會不會非常嚴重地在意自己的長相呢？

寫到這裡，我了解到一件事。就是我對臉並沒有那麼感興趣，不管是別人的臉還是自己的臉。

只要動起來，就能知道一個人是否擁有魅力。表情豐富的人就很有魅力。長相再怎麼端正，要是表情像能面（日本能劇於表演時所佩戴的面具）一樣的話反而令人害怕。比起臉本身，我還比較好奇臉會怎麼動。

第一次和老公見面時的情形至今我還記得很清楚。他戴著眼鏡，臉上笑眯眯的，穿著一件白底深紅色格紋襯衫，我心裡想著：「哎呀！這是我的菜。」以藝人來說，我喜歡石井龍也和吉井和哉（皆為日本知名歌

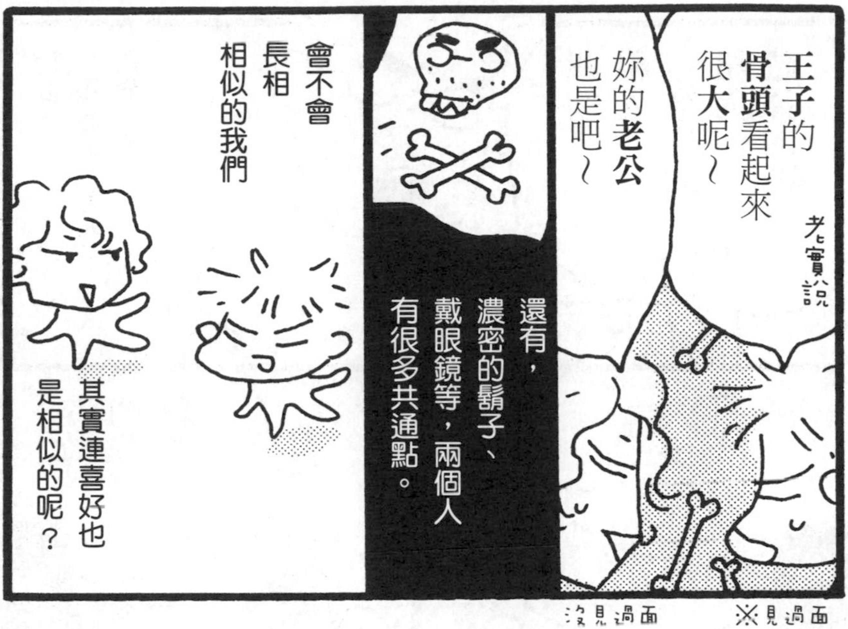

手）的長相。

但在現實生活中，身材高瘦戴眼鏡的人才是我喜歡的類型。同樣是作家的唯川惠第一次見到王子時的感想也是「這根本就是山本的菜嘛」（唯川的老公也是她最夢寐以求的類型）。雖然能夠跟自己喜歡的類型的人結婚是可喜可賀的事情，但心中忽然浮現關於我的長相不曉得王子又是怎麼想的疑問。想要問問看，但又覺得這沒什麼好問的。反正王子現在正在迷女演員蒼井優。妳如夢幻般可愛呢，蒼井優妹妹……

因此，我跟老公的長相完全不像
我的祖先是被妳的祖先殺掉的吧
口頭禪
是妳的祖先殺的吧
粗眉毛
很深的雙眼皮
我想起來了。
繩文系
大概是真的吧
沒什麼眉毛
很單的眼皮
真是抱歉~
彌生系
是的、是的。據說愈不相關的遺傳基因愈會彼此吸引。
很遠
混合各種東西是天性？
聽說遺傳基因相近的人的味道聞起來是「臭」的。
爸爸好臭
像是女兒會討厭爸爸是合理的……
好遠，好遠啊
靠近
靠近
真的是好遠啊

身邊的人好像也都「很遠」……
「個性相似夫妻」雖然有，但「長相相似的夫妻」好像就很少
會這麼說是因為——
○○（我的同學）結婚了唷～
……兩個人長得一樣呢
身高也差不多
長得一樣嗎？
噗
哈哈
不知怎的，那讓人覺得非常滑稽……
而「個性相似夫妻」感覺就沒那麼有趣……
綜上所述
不用在意任何事，只要堅持自己「喜好」就好了
又是哪來的綜上所述啊
這答案可以嗎？

妳看起來好像沒這種煩惱……
彼此彼此……
咻～咻～
滾～滾～滾～

第5話

老公家人真討厭！

老公有兩個妹妹，感覺兩個人都有戀兄情節，從當初結婚時空氣中便明顯飄散著「哥哥這麼帥，怎麼會娶她當老婆」的氣味。如果婆婆也在，三個人團結一致有夠可怕的。前些日子因為要忙小孩子的母姊會所以婉拒了老公家族計畫的旅行，結果受到群體撻伐。唉！他家人講了什麼，老公是絕對不會幫我的。請幫幫我啊～

（四十歲　美千代　結婚八年）

不認識的阿姨有天突然成了自己的母親，這就是結婚。不認識的叔叔有天突然成了自己的父親，這就是結婚。從沒見過的人有天成了自己兄弟姐妹或親戚嫁娶的對象，這就是結婚。正在談戀愛的各位，在決定結婚之前，可要想清楚這些事啊。雖然妳現在覺得妳的「親愛的」是妳在這世界上最愛的人，但妳是不是忘掉了這世界上還有另一位女人，對她而言，妳的「親愛的」也是她在這世界上最愛的人。想到了吧？就是「他的媽媽」。而將她生下、帶大的寶貝兒子奪走的女人，就是媳婦。婆媳兩個人爭奪同一個男人，要能無風無雨是很困難的。不過對戀愛中的人講什麼都是沒用的對吧？我自己在結婚前也完全沒思考過這些事。世界是爲了我們兩個人而存在，家族反倒是種麻煩。對於對方也和自己一樣有個養育自己的家，在那個家受到關愛之下長大，對於這件事，以前我還一時意會不過來。

這個社會把戀母情節說得好像是壞事一樣，但在母親的疼愛下成長根本不是什麼壞事。沒有比在母親的疼愛下成長更棒的事了。雖然盲目關愛及溺愛會令人困擾，但是所謂的母親，似乎多少都會過度疼愛自己的兒子。而在疼愛下長大的兒子也必定會珍視母親和家人不是嗎？因此「男人稍微有點戀母情節才剛好」，我曾在哪裡看過這樣子的說法。

我家的王子雖然還不至於到有戀母情節，但好像很喜歡自己的媽媽。王子有兩個妹妹，大家的感情都很好。爸爸很遺憾的已經過世了，所以他是家中唯一的男性。媽媽和妹妹A、B（還有我）都依賴著他，現在王子就像是大家的父親般。

雖然在開頭時我將婆媳的關係寫得水火不容，但我覺得我和王子家人之間的關係非常融洽。據說妹妹B以前想要跟像大哥一樣的人結婚，我第一次到王子家拜訪時，她笑著說：「我本來還想說要是個討厭的人該怎麼辦？」哎呀！那時拿到及格分數眞是太好了。媽媽則是位典型喜歡照顧別人的人，每次去玩時都會在保鮮盒裡塞一堆菜餚讓我帶回家。對於空手將保鮮盒還她的媳婦從沒責備過半句。我還曾經連保鮮盒都沒還回去，眞是對不起。

雖然說我們的關係很好，但平常並沒有那麼多的交流。媽媽現在也還健朗地工作著，妹妹A和妹妹B也都有小孩，都談不上空閒。雖然有需要就會見面，但平常並不會干涉我們，並非是那種黏得我們透不過氣的類型。或許她們心中有種種不滿，但從沒對我說過半句令人不高興的話，我由衷地感謝她們。

我想到了一件事。對王子一家而言我是媳婦，但一回到我自己的娘家，我就多了小姑的身分。因爲我哥已經結婚了，所以對我哥的老婆而言，我是小姑。當初老哥結婚時，我心想：「實在非常謝謝妳願意跟我老哥結婚！」一直到現在我還是這麼想。雖然老哥是個好人，但和受歡迎這三個字是沾不著邊的。所以對我們家而言，大嫂就好像是救世主。不過我跟老哥一家同樣沒有那麼多的交流，因爲我幾乎把自己是小姑的事忘得乾乾淨淨。大嫂非常關心我的父母親。母親節、父親節、歲末年終、問候請安等等，這種關心得恰到好處又不會做過頭的感覺最理想。也就是不會黏得人透不過氣。

如上所述，我非常地有福氣，有福氣到

無法向世界上的人解釋，可以說我現在完全沒有任何婆媳問題。所以這次的問題就交給伊藤好了，請盡可能參考漫畫的部分。

我在參考了別人的經驗及看了網路上的文章（讓媳婦發牢騷的留言板之類的網站），至今無法當成是笑談的婆媳問題仍然在全日本各地爆發中。即使是到了結婚已經從「一個家與另一家的結合」轉變爲個人的事，覺得「媳婦」這稱呼很彆扭的人大量增加的時代，婆媳問題依舊和昭和時代一樣嚴重。沒想到現在還是有許多被當成女僕般使喚、被別人以爲說什麼都不會刺傷心的媳婦，當然對小姑應該也會有抱怨才對。但就算扣掉這部分，手裡抱著小孩的年輕媽媽們還是忍耐著很多事，這可是眞實的情形。

配偶的家人就像是在學校裡碰巧被編到同班的一群人，所以不用勉強和他們交好。用說的很簡單，但哪有那麼容易就能排除人的感受呢！每天打電話來說些帶刺的話、把兒子的家當做是自己家進出，是想干涉家庭？在故意刁難？是惡意的嗎？遇到這

哈～
我家是三姐妹真是太好了
會這麼想的理由之一是
妹妹們的結婚對象一定是「異性」
理所當然……
男人！
咚咚
咚咚
匡隆匡隆
雖然是理所當然，卻也是小小的幸福……
怎麼說呢？

些事，精神都會變得不正常吧！倚仗的老公沉迷於漫畫裡置若罔聞，讓人心裡連「你去死吧」都詛咒得出來。我並不是拿極端的例子來寫，這些話在網路上的網誌和留言板裡多到讓人感到不舒服。哎啊！黏得人透不過氣。

我沒有解決這事的辦法。結婚了就是結婚了。後悔過去也開創不了未來。離婚似乎不錯，但也是有不能離婚的苦衷而身心受到煎熬。哎呀！黏得人透不過氣～需不需要提升一下跟合不太來的人漸漸能夠相處融洽的技巧？

為了建立融洽的人際關係，有兩個作戰手段我隨時都會放在心裡，但能不能運用在親屬關係上我就不曉得了。其中一個是「一對一作戰」。

人是種一聚集起來就會形成小團體的生

有次去參加
朋友的喜宴，
結束後
跟有哥哥
或弟弟
的女性們
一塊兒茶敘……
喜宴的回禮
喜宴後還有茶敘……
不管這個了……
茶敘成了
「雖然兄弟的老婆
不是令人討厭的人、
也沒什麼啦，
但有些事讓人受不了」
大會……
沒錯沒錯！
就是那樣！
哇啊

物不是嗎？有了小團體便有可能開始講別人的壞話。因爲講人壞話是件會讓人感到痛快的事，而且把某個人當成公敵也是鞏固小團體的團結最爲輕鬆的溝通方法。反過來說，如果是一對一的話，人心就不會那麼地險惡。因此當我對某個人有「我想和這個人親近一點」的想法時，我就會盡量製造跟那個人單獨見面的機會。而見面時熱絡感情的重點就在於，不要採取講別人壞話等負面的方式，而是要產生正面感受的共鳴。盡力留下兩個人在一起時常常歡笑的印象。只要不斷累積這種印象，兩人變得愈來愈親近後，就能培養出信賴感。而只要兩個人之間產生了信賴，就算遇到一群人聚集在一起的情況也不需要擔心。

另一個作戰手段是「村裡外國人的作戰」。如果說我從開始寫小說起這二十年間

靠著這個作戰避開了麻煩的人際關係，可是一點也不誇張。

雖然我本身只是極普通的人，但我怎麼也否定不了作家（漫畫家也是）對於上班族和家庭主婦而言是種特殊身分的存在。受到的特殊待遇足以跟來到日本傳統村落裡的外國人匹敵。一方面會出現有人對我感興趣的情況，另一方面也會出現只因爲我與眾不同而討厭我的狀況。不過要和村民融洽相處是有方法的。高調地將日式工作服穿在身上的親日外國人比較容易受村子接納不是嗎？總而言之，就算不改變本質還是能夠入境隨俗的。

是的，就是明明白白地表現出你是外來者就對了。要是能成功被認爲是外國人就太棒了。因爲是外來者，所以能夠避免掉很多事情。雖然可能會有重要的會議既無法加入

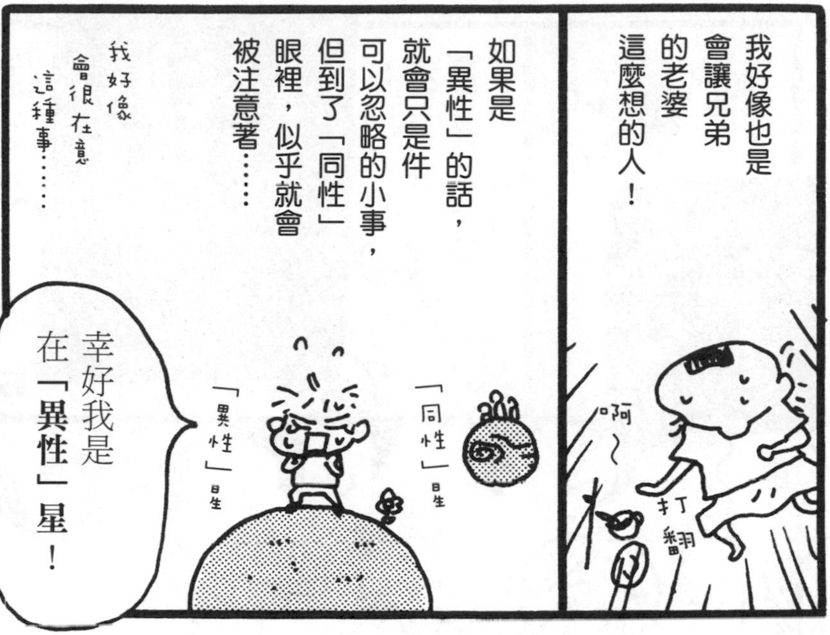
我好像也是會讓兄弟的老婆這麼想的人！
打翻
啊～
如果是「異性」的話，就會只是件可以忽略的小事，但到了「同性」眼裡，似乎就會被注意著……
我好像會很在意這種事……
「同性」星
「異性」星
幸好我是在「異性」星！

也沒有發言權的缺點，但至少不會受到大家的排斥。要是遇見了黏得讓人透不過氣來的人，就帶著爽朗的笑容說句「日語好難唷，對不起，我聽不太懂」來躲過去吧。

所以，
會跟對方的
姐姐、妹妹、媽媽
（總之是跟「女性」）
處得不好
是理所當然的。
……這麼想的話
會比較輕鬆一點。……
我也放棄了
所以我很害怕……
因為……
老公的媽媽跟小姑都是好人……
理佐
呵
永遠都是笑容
嗚……
背景弄錯了……
小姑對哥哥（我老公）是「感覺不錯但沒興趣」
笑笑
跟著笑……
媽媽則是──
要是做了什麼的話……
嘩啦嘩啦
我會跟著妳走的～
呀
轉頭

這……這好像是殺害妻子的人講的台詞啊!
輸了
無法匹敵……
高手
所以就算沒有老公陪著,我還是會去那裡玩
哈哈還真的來了
我來了
爸爸
對了,結婚申請書也是我跟媽媽去交的……
咻
風好大
還是颱風天
老公那時在幹嘛呢?
慘了……
我在婆媳關係上用掉了很多好運!
嗚嗚
會有什麼報應吧!?我很害怕。
咕嚕
多麼不幸?
都是自己胡思亂想……
所以我想在這裡把惡運用光,一個可以吧?
什麼一個啦!
喂
哼!反正我們處得這麼好是對方的緣故,又不是我的緣故。
這傢伙沒救了。

第6話

老公不愛乾淨？

我老公工作很忙，一向都是深夜才回到家。可能是這個原因讓他竟然一個星期才洗一次澡。我問過他是不是討厭洗澡？他回答我：「我喜歡泡澡，不喜歡只把沖個澡當做是洗澡。」只要他一洗澡，他就會洗上一個小時。仔細地把身體洗過一遍，也會浸到浴缸裡泡個澡。順便一提，他平常是早上要出門前才刷牙的。雖然去泡溫泉時我並不會討厭和他一起泡啦，但他的確算是不愛乾淨對吧？

（三十二歲　林子　結婚一年）

前幾天有人問了我一個問題，我老公的小名「王子」是怎麼來的？所以非常冒昧地藉這個機會，我想先向大家說明這個小名的由來。怎麼取這個外號的過程我也記得不太清楚了。記憶中，應該是在剛決定要和他結婚時，我把我們要結婚的消息告訴了我們共同的朋友，朋友問我：「他果然是妳的白馬王子對吧？」我聽到後大笑不止，「那個人哪裡像王子啊」、「的確是無法以王子比喻」、「他可以說跟王子的形象完全相反」。就在兩個人邊說邊笑的情況下，便產生了這個含有揶揄成分的小名。

雖然我也覺得自己都幾歲的人了還一直喊自己的老公「王子」有點異類，但直到現在我仍想不出其他適當的小名。實際上這個小名只有在熟知他的人之間使用。有時候在接受訪問的場合裡，採訪的人會問我：「王子殿下好嗎？」加上「殿下」這兩個字讓我手心都冒出溼黏的汗來。

回到這次的正題，「沒一個地方像王子」的王子在我們初相識時是什麼樣子呢？那時他的模樣可以用一隻患有皮膚病的流浪狗來形容。這樣子的形容雖然很過分，但連他本人都同意了，所以應該是不會錯的。當時他的人生過得不如人意（被女人拋棄是主要原因），自暴自棄，喝醉酒後找人吵架，每天重複這樣的日子。自暴自棄的單身男人是不可能確實地洗澡或洗衣服的，因此衛生方面產生相當嚴重的問題。他從肩膀到後背都長了汗疹，結痂後會因爲癢而在睡夢中無意識地將結痂抓破，沾得T恤到處都有血。不曉得是不是因爲刮鬍子時也無法靜下心來刮的關係，臉上老是會流血，枕頭套和毛巾都染著血，令人怵目驚心。

我覺得這樣下去不行，就教導王子不能只是淋浴，要好好地泡澡，也買了好幾件汗衫給他，傷口也幫他塗上了 Oronain 軟膏（日本大塚製藥公司生產的皮膚藥膏）。這麼做下來，王子變得煥然一新，幾乎讓人認不出來。雖然這麼說也許不太恰當，但我非常喜歡照顧動物，所以從孩童時期便養過許多寵物，我覺得飼養動物令人回味無窮的樂趣，就在於幫滿身髒污、發出尋求關愛的叫聲的動物洗澡及疼愛牠，而看著王子時我竟然也出現了同樣的想法。

正因爲如此，結婚後變乾淨的不是我，完完全全是王子那一方。雖然心底對於這樣的結果感覺有點複雜，但現在看著相當乾淨俐落的老公，臉上還是會浮起「不錯喲！還不賴嘛」的微笑。

至於王子對我的意見呢？聽說他認爲我與其說是「非常愛乾淨」，還不如說我是屬於「有潔癖」的那一類。對於老公的這段話，老實說讓我感到困惑。爲什麼我會感到困惑呢？因爲我雖然喜歡照顧他，但對打掃卻完全不在行。房間裡的東西放得亂七八糟，灰塵滿室飛舞，地板上散布著大量的貓毛。貓的廁所差不多就直接位在人的視線所及的地方，吃飯的時候不小心就會瞥見貓正在對面尿尿，這怎麼能說成是有潔癖的人的房間呢？有些人看到這房間說不定還會昏倒呢！

所謂的衛生觀念是完全因人而異的。比方說我就沒有早上淋浴的習慣。我喜歡泡澡，所以每天晚上都會泡，不會爲了要出門這樣的理由就跑去淋浴（順帶一提，王子是早上洗澡派）。頭髮也不是每天洗。有時頭髮在沒抹慕絲或髮蠟，或只去一下便利商店的日子裡就不會洗頭髮。而有人是在出門前和回家後都一定從頭到腳洗一遍，這些人要是聽了我的情形大概會認爲我「眞是髒死了」！但從我的角度來看是他們洗過頭了才對。

有許多事情，我們會只因爲它是我們的習慣就深信爲常識，而不是因爲有證據證明它才是常識。自己認爲的常識對別人來說可能不是，反過來也是一樣。

姑且就將內褲要每天換當做是我們共通的常識吧。但是換下來的內褲需要每天洗嗎？有人是每天都不忘用手洗內衣褲，但也有人是累積了三、四天分再丟進洗衣機裡洗。還有胸罩，要每天洗嗎？我的話，胸罩並沒有洗得那麼頻繁。只要不是盛夏，我五、六天才會洗一次。我也問過伊藤這件事，聽起來也是基本上三天至一星期才洗

我是王子。
以前長過汗疹，結痂後會因為癢而將結痂抓破
還曾經在高円寺跌倒撞斷門牙
不要寫些多餘的事啦！
好痛
可惡

一次。就在我們互相點頭贊同「對嘛，一般都差不多是這樣子咩」的時候，和我們一塊兒的一位女性用著非常小的聲音喃喃地說：「我有洗得比較勤快點。」那時我裝作沒聽到，伊藤怎麼想呢？胸罩是不是還是應該隔個一天左右就洗比較好呢？

不過呢，要是冷靜地思考一下剛才說的事，就會覺得這些事根本無關緊要。如今能在日本安穩地過著生活的人，衛生水準的差距已經非常微小了不是嗎？

但話雖這麼說，不愛清潔的人還是存在的。要是在擁擠的電車裡非得靠近那樣子的人的話，老實說這會讓我感到不舒服。乍看之下乾乾淨淨的年輕女孩子，藝術指甲裝飾得過於誇張，留著長髮卻沒有好好地整理、飄出怪味，還有從低腰牛仔褲露出的內褲褲頭，或許這模樣對她的男朋友而言充滿了魅

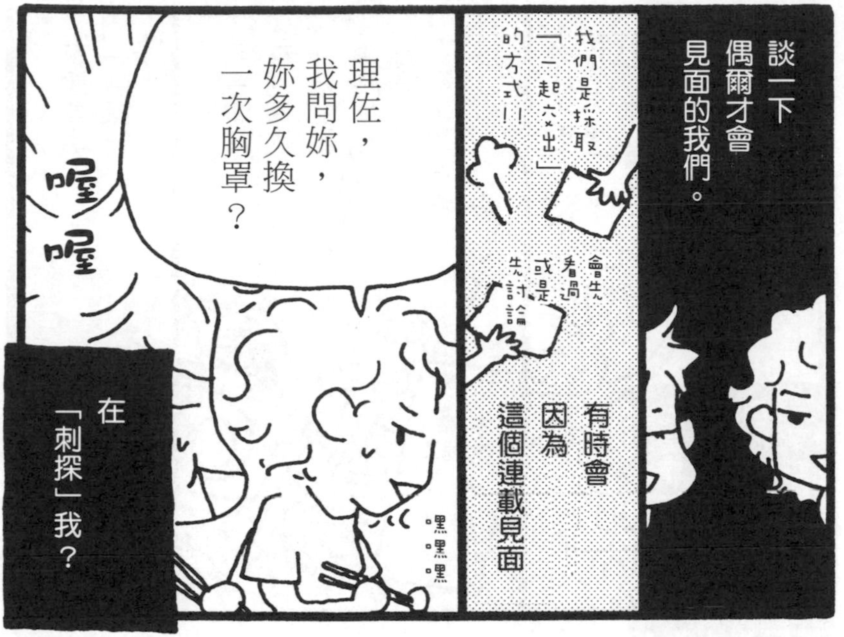

力，但對於屬於外人的我而言，只會讓我想移開視線。感覺有點三高症候群而且還頂上稀疏，但頭髮修剪得整整齊齊、穿著整燙過的白襯衫的中年大叔在衛生方面的分數還比較高呢。但「老人臭」這個詞曾幾何時已經滲透這個社會，只因爲年齡增加了就被年輕人說身上有臭味，應該也沒辦法有力地反駁吧。

清潔跟有清潔感，兩者並非同義，所謂的清潔感就和衛生觀念一樣，感覺是因人而異的。討論太妹（日本年輕女性的一種打扮風格，類型眾多，其中也有給人衛生習慣不佳的類型）女孩和自己的老爸誰比較髒只是在浪費時間而已。

雖然我非常喜歡泡澡，但生病的那幾年卻很少泡澡。因爲根本拿不出洗澡的力氣。雖然那時確實覺得自己充滿著汗臭味，但一

點都無能爲力。人也是動物，所以也會像動物一樣，一旦因爲生病或疲累而變得虛弱、因爲年紀大了而無法再隨心所欲地活動，毛色便會變得黯淡無光。或許在年輕還有活力的時期，會下意識地堅信自己就是不會生病、不會變得骯髒污穢，但絕大部分的人都還是會面臨全身每個角落都無法乾乾淨淨的時候。

因此我認爲潔癖絕對不是一種稱讚。不允許一點點的不乾淨、也不允許稍微的怠惰或不正確，這樣子的態度看起來似乎頗爲了不起，但其實是很危險的想法不是嗎？要是認爲只有自己是乾淨的、其他人都是骯髒的，別說是結婚了，應該連戀愛都談不了吧。

仔細一想，就算家裡東西放得亂七八糟、地板都是灰塵，王子也絕對不會抱怨

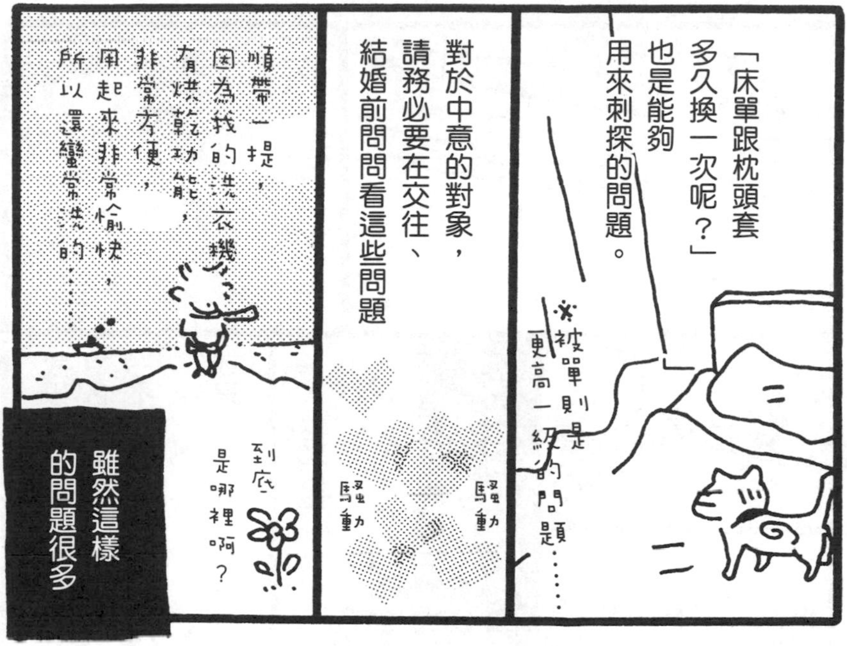
「床單跟枕頭套多久換一次呢？」
也是能夠用來刺探的問題。
※被單則是更高一級的問題……
對於中意的對象，請務必要在交往、結婚前問問看這些問題
騷動
騷動
順帶一提，因為我的洗衣機有烘乾功能，非常方便，用起來非常愉快，所以還蠻常洗的……
到底是哪裡啊？
雖然這樣的問題很多

什麼，反而是我吱吱喳喳地嘮叨他「破掉的內衣褲麻煩勤點換」、「不要用桌巾擦地板」、「去洗手」、「去刷牙」。如果反過來的話，我大概會因爲他太嘮叨而離家出走吧。現在我正在深切地反省，打算戒掉指導他做事的習慣。老公並不是撿回來的小狗，而是一位合格的社會人。

對於衛生方面多少有點懶散的人，心胸可能也會比較寬大。關於打掃，今後我還是想要繼續偷工減料，避免讓老公又說我有潔癖。

但最重要的還是「相合度」。
男
咦
男
呃
乾淨程度，多也不行，少也不行
真的很難對吧
我家的相合度是「不相上下」
我叫不不
或是「大致還好」
我叫大大
雖然我是這麼認為，但是
咦？
仔細一看……
呈鋸齒狀……
會這樣的原因是老公對「廚房的事」很敏感
不是還油油的嗎？
有好好洗嗎？
水沒擦乾淨
油灑出來了
那個要一起洗才可以
是 是
不是那裡
不對

我很粗枝大葉，尤其在廚房

蛤？
油
妳有沒有好好拿著這裡？不然會弄得黏呼呼的呀！
是是
蛤？
這是用剩下的肥皂做的肥皂水，不能倒掉
是是
沒信任我……
而且自己也在跟自己交戰……
我是不是很囉嗦？
很囉嗦
對吧？
是是
老公完全敗給我。
就是這種講道理也沒用的情況……
不安
不安
最後就是沒把事情放在心上的人會贏。
真是抱歉……
老公明明有贏過我的男子氣概……
什麼！灰塵！
真令人同情。
對灰塵卻無動於衷？
老公的房間
好！
認定老公愛不愛乾淨就決定是「不臭的話就ＯＫ」怎樣？
喂！喂！
這是勝利組給的意見喔！
唉～真的是很難呢……

第7話

我想養貓！

從小在老家就一直有養貓，雖然小貓死掉的時候我非常地傷心，但也因此讓我學到了生命的寶貴。我想要養貓想得不得了，但同居三年的男友從沒養過寵物，就算帶他去寵物店還是直說：「我絕對照顧不了動物、無法相信有人會和動物住在一起……」本來已經在討論結婚的事了，卻因為要不要養貓而告吹，真的很莫名其妙。

（三十二歲　彩香　未婚）

在上回剛好就寫到了飼養動物令人回味無窮的樂趣就在於：「幫滿身髒污、發出尋求關愛的叫聲的動物洗澡及疼愛牠。」不過我的意思並不是說掏出所有的錢買一隻有血統證明書的高價寵物是不應該的，而是我覺得「令人憐愛」的生物很萌。因爲有可能會不斷地將賣不出去的寵物買回家，所以我是盡量不去寵物店的。

雖然關於寵物的文章我已經寫了很多，但在這裡還是來複習一下我飼養動物的歷史。

我對寵物最初的記憶是從一隻黑狗開始。與其說是飼養，不如說是一起生活還比較適當。當時我們家有爸爸、媽媽和兩個小孩，在只有兩間房間的凌亂破爛公寓裡過著生活，不曉得爲什麼小狗也在室內跟我們一起生活。現在將寵物飼養在房子裡應該已經不是什麼稀奇的事了，但在昭和四十年代（西元一九四七年至一九六五年）可是只有有錢人才會將狗飼養在房間裡。當然我們家的狗並不是吉娃娃那種時髦的品種，而是和時髦沾不上邊的雜種狗。那時我還沒有那是一隻狗的認知（誰叫牠也是站在榻榻米上），一直覺得牠就像是隨時會陪我玩的弟弟般。可是關於這段，我的記憶卻是模糊不清的，長大後我問了母親這隻狗的事，母親的回答卻頗令我吃驚。

「黑狗？那不是我們家的狗唷。是隔壁的，不過好像沒在餵牠的樣子，所以就變成我們在餵。那隻狗很溫馴對不對？就算耳朵被妳咬了也絕對不會把妳咬回來。妳小時候有個壞習慣，什麼東西都咬，像是茶壺蓋的突出處、狗的耳朵跟尾巴，妳都會緊咬著不放，很令人傷腦筋呀！嗯？那隻狗？死於交通意外啊。衝出去馬路時被車子碰的一聲撞上。」

哇!這些事我都不知道。怎麼不是我們家的狗?是我們將隔壁家的狗藏到我們家?我會緊咬著東西不放及黑狗被車撞死的事都是我第一次聽到。唉,應該是連名字也沒有的黑色溫馴小狗。雖然晚了很久,但我爲牠祈福,願牠好走。

後來上了小學後,這次出現了眞正屬於我們家的狗。我現在想起來我小學時的綽號是「狗狗狂熱者」。簡稱「狗狂」。收到的賀年卡上會寫「狗狂,今年也請多多指教」,很直接的綽號吧。看來我那時大概老說一些養狗的事說到讓人受不了吧。我非常喜歡那隻和老哥一起撿回來的柴犬雜種狗,喜歡到牠死掉的時候,我還因爲心情無法平復向學校請了一個星期的假。不過長大後再回頭看,明明是那麼喜歡牠,但帶牠散步、餵牠吃飯、打預防針等卻全都是媽媽在做。我做的只是一直緊黏著牠、疼愛牠而已。

小狗死掉之後總有種少了什麼的感覺,陸陸續續又養了鸚鵡呀、十姐妹呀、烏龜呀、金魚呀、倉鼠呀。而當牠們都死光的那時候,我撿回了一隻貓,從此進入貓將軍的時代。貓咪開始在家中囂張。

只要牠對貓罐頭不滿意,就要加些魚板或起司再拿給牠吃。只要牠喵喵地叫說想要出去,就要爲牠開窗。只要牠喵喵地叫說牠回來了,就要再讓牠入內。只要牠喵喵地叫說想要坐在膝蓋上,就得墊個東西讓牠上座,不管是三十分鐘還是一小時都要等到牠心滿意足睡著了才行。而絕大部分做這些事的人都還是我媽媽。媽,妳到底有多喜歡動物呀?

伊藤的老家好像也是一直有養狗（參考文獻：《蜜蜂之女小理佐》〔ハチの子リサちゃん〕。伊藤理佐的漫畫作品，描繪作者到東京之前於山中老家的生活。伊藤的媽媽一手包辦照顧三個女兒、爸爸與小狗，應該也是一位日本典型的喜歡照顧人的媽媽吧。在這樣環境裡成長的女兒長大一個人生活後，或許「想要照顧些什麼的慾望」，便會蠢蠢欲動而養了貓。

和王子剛認識時，我已經養了現在這隻叫小咲的貓將軍（第三代）了。也因此先住權是在小咲手上，而王子也沒有提出什麼異議，他說：「我不知道我喜歡或討厭貓，對貓沒興趣。」在他身上並沒有看到打算和貓積極相處的樣子。可是呢，他現在已經拜倒在小咲的魅力之下。小咲會在王子回到家時衝到玄關（對我不會），躺在走廊上滾來滾去，王子看來是承受不了這個「嗯哼～歡迎回家攻勢」。最近小咲如果從我這裡得不到貓食，就會跑去找王子使出美人計，要求他開罐新的貓罐頭。

這樣的小咲不只有可愛的一面，也有另

這種情況下是**絕對**不能養的唷
這是為了貓咪好。
結束。
叩 叩
嗯？
還有五頁哦
哎呀

這……這誰？

外一面。但與其說這是牠的另一面，不如說是牠原本眞正的面目還比較合適吧。我很想大聲地把「這傢伙其實是獸類啊」喊出來。當然貓本來就是獸類，但這傢伙是不會讓男性看到牠凶暴的樣子的！名副其實的「披著貓皮」（日本俗諺。形容隱藏本性裝成規規矩矩的樣子）。

小咲可怕的地方在哪呢？小咲牠會在沒有任何前兆之下突然襲擊我。當我一個人悠閒地看著電視哈哈地笑著時，牠會從窗簾後面張口咬住我。可不是撒嬌的那種咬喲，是眞的咬下去的那一種。如果小咲是隻獅子的話，我老早就死了。從牠還是幼貓的時候我就覺得牠是隻很愛咬東西的貓，但那時我想因爲牠還小，還不懂得控制力氣，等到牠長大了就不會這樣子沒分寸地亂咬了。不過牠的這個毛病到後來還是沒改過來。我也問過

如果妳是帶著貓
搬進去的話，
就只能請對方忍耐了。
如果從一開始
就沒有養貓的話，
就只能自己忍耐了。
……
日本到處都看得
到別人家的貓，
就靠牠們
來忍耐吧。
常會出現在圍牆或窗戶上
結束。
嘰～
那麼還有四頁
唉呀呀

獸醫這件事，獸醫給我的建議是：「妳生氣的話也只是讓牠更激動而已，所以這時候妳最好就躲到別的房間去。」

貓簡直是笨蛋。如果是狗的話，還會知道主人生氣了。小咲是隻膽小怕生、在外面不敢囂張的貓，所以常給人很溫馴的感覺，但等到牠熟悉了環境，簡直就像是旁若無人般。對我的助理棉花糖，牠一樣是毫不留情地襲擊，導致她不是很想來我家。

王子曾經親眼目睹過一次小咲襲擊我的那一瞬間，這讓他嚇壞了。那次我只是單純坐著，小咲的爪子沒有任何跡象可尋地就往我的臉上招呼過來，血就從我臉上不斷地冒出來。看到攻擊飼主的貓，王子受到非常大的打擊，「你要對我的妻子做什麼！」大聲地訓斥是沒有用的。因爲牠是獸類，所以你說什麼牠都不會懂的。而且我想這一定是我

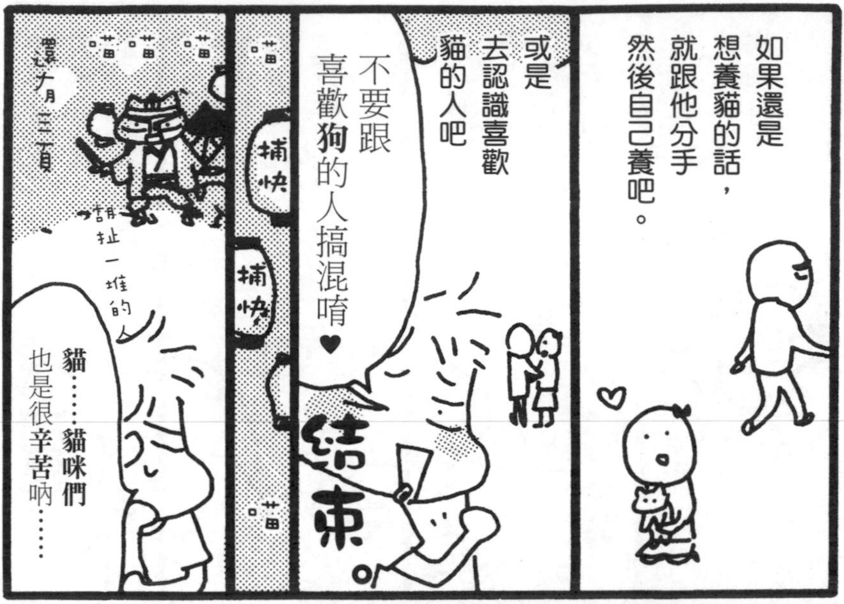

小時候咬了那隻黑狗，現在老天爺給我的懲罰。

也因爲這樣，我的手上和腳上一直都會有新的傷，但是喜歡才養的貓，還能怎麼辦呢。畢竟所謂的寵物，就是由我這方主動請牠來家裡住的動物，並不是寵物自己的意思。提出請託的人要多少忍耐點本來就是理所當然的。被咬的話會痛會流血，還必須每天勤勞地打掃寵物的廁所，也沒辦法自在地外宿，寵物的飼料費和醫療費也都不便宜。但即使是這樣我還是想要飼養些什麼，我沒辦法想像一個不飼養些什麼的人生。

看著動物的行爲時、撫摸牠們柔軟的毛髮時、和牠們互相追逐遊戲時、在牠們挨在自己身邊睡著所感到的溫暖體溫時……在這些時候從心裡湧起的強烈喜悅雖然和談戀愛相似，卻又跟人之間的戀愛完全不同。腦內

就像分泌出了酸酸甜甜的東西，讓人心醉神迷。沒有談戀愛時總是會有不安的感覺。「好可愛呀」的感受會讓人何等地愉快不是嗎？不過話說回來，我覺得寵物是非常個人化的嗜好。比方說蟒蛇靠近我的話，我就會起雞皮疙瘩，但這世上還是有非常多喜愛蛇的人。也就是說「沒興趣」和「積極討厭」可是大不相同的。

　我很討厭「玩賞動物」這個稱呼，但從幾千年前就由人類開始給予食物而維生的動物，已經變成要是沒有人類的照料就生存不下去。現在才要放牠們回到野外已經是不可能的事了。因此我希望喜歡那些被稱爲寵物動物的人，能夠不惜將大量的感情投注於動物上。我也會這麼做。就因爲牠們只擁有被人類飼養這個生存方式，所以才「令人憐愛」。

常出現的「你會救誰？」的假設，
如果是不認識的人跟我養的貓的話，
救命啊！
喵
喵
喵
只要那個人不是「殺掉了我的雙親」之類的狀況，
我會救人。
理所當然…？
妳這混帳！
小看我是貓，我要殺了妳！！
火大
自力救濟
呀
大概是這種劇情發展的幻想。
雖然家裡的兩隻貓都是我帶來的
但是老公不會介意（Lucky）！
搔
關於「你會救誰？」老公的想法也和我一樣
因為你是貓，所以要自力救濟。了解了吧
聽好

所以呢，
我覺得貓……
而且是
「還沒出現的貓」
應該不會比人……
而且還是
「現在的男友」
還重要。
「話題的核心」
我想這不是「關於貓的問題」，而應該是「關於男友的問題」？
啊
喲
哎呀！
戳中了
呢……
別人的東西
不知道
可不可以吃
滋～
好像很美味
理……
理佐……
文……
文緒……
盤子
那麼，
就是
這樣。
嚼嚼
請問～
從貓咪的角度來看，
完全不可能明白吧？

真是的……

第8話 之特別篇 1

相互提問

伊藤理佐 ▶ 山本文緒

我在結婚滿一年多一點時，於前陣子舉行了像是婚禮的宴會。會說「像是婚禮」的原因是因為那是一個「無結婚儀式、無花束、無蛋糕，只為了拍紀念照所辦的家族聚餐」才對。不曉得是不是因為兩個人都穿了和服？老公的媽媽和外甥女獻上舞蹈炒熱氣氛？因為天氣很好？或是飯店庭園裡的楓葉很美？還是喝了酒的關係？當天實在是非常快樂。本來決定「兩個人都結過婚，婚禮那些禮俗可不想再經歷一次」，但結果卻是意外讓我覺得「幸好有舉辦」。山本也有舉辦婚禮嗎？是怎樣的婚禮呢？如果沒舉辦的話，堅持不辦的理由是什麼？第一次和第二次的想法有不一樣嗎？抱歉一連提出這麼多問題。

記得我是在和理佐一塊去看這個連載的S町責任編輯剛出生的小寶寶的時候，從理佐那聽到「我要辦個像是婚禮的宴會」。

不知爲什麼，我總覺得那天對我而言是個美好的一天呢。雖然不是像徹夜暢飲或一起去法院旁聽那種刺激的經驗，但我對那天留下了很深的印象。

那天有著風和日麗的晴空，溫煦明亮的陽光照進了S町編輯家的客廳裡。我們輪流抱著軟呼呼的小寶寶玩著。兩個人都跟小寶寶非常地搭，拍了幾張就像是自己親生的小寶寶一樣的照片，實在是非常的滑稽。S町編輯可能看得提心吊膽，但我們卻很高興能夠這樣盡情地觸摸小寶寶。

在S町編輯招待我們吃午飯的時候，伊藤說：「我們打算辦個類似婚禮的宴會，只請親人來。可能會穿紅色的和服唷。」聽到這段話，我由衷恭喜他們。記得她在辦理結婚登記那時曾說並沒有特別要辦什麼結婚典禮，其實當時我心裡的想法是：「欸？爲什麼不辦呢？難得他會對妳言聽計從，放過很可惜。」

說到這個，那天回程時突然只剩下我們兩個人，讓人非常的害羞。明明已經認識很久，但每次見面都是在很多人的場合裡，同時編輯也都一定會在，所以餐廳什麼的都會幫我們安排得好好的，我們什麼都不用多想只要哈哈笑就好。兩個人第一次獨處讓人難爲情了起來。明明都是大人了，卻像是剛開始交往沒多久、還沒公開的情侶般扭扭捏捏，背部都癢了起來。後來我們去了位在根津神社那裡的一間小巧可愛的咖啡店（我用手機查到的），點一杯咖啡後我們聊了好久，過程快樂極了。現在想起來，咖啡的錢五百日圓應該由我請才對，那時一人付一半眞的覺得很抱歉。我們好像是在傍晚時結束了這難分難捨的時光（伊藤也發現她的截稿期限快到了），一起搭乘千代田線的電車回家。很新鮮的經驗，改天我們再找個不認識的地方、找間沒去過的店扭扭捏捏吧。

呃，那麼我開始回答伊藤的問題。我兩次結婚都辦了婚禮。我呢，從小的時候起就一直認爲「結婚就是要辦婚禮」，長大後這想法也沒有變過。我指的是結婚典禮，不是喜酒。不曉得爲什麼，我對喜酒沒興趣，兩次結婚都只舉行結婚典禮，典禮結束後再和親人們一起吃個飯。

第一次的結婚典禮辦的是神前式（在神社裡舉行的傳統日式婚禮）。因爲我曾做過女巫的打工工作，所以相較於教會式，我比較熟悉神前式。

雖然決定要結婚，但我們並不清楚要在哪裡辦才好（因爲那是還沒婚禮雜誌和網路的時代），就試著找了Lumine購物中心裡像是在介紹婚禮場地的店家諮詢，我們想找的是交通方便、價錢低的地方，店家介紹我們千代田區的九段會館，因爲條件都很符合所以我們馬上就下決定了。期間也沒有特別做什麼準備，就只有去試穿了一次禮服。那次很好玩，居然和兔女郎在同一間更衣室換衣服（因爲九段會館的露天啤酒餐廳有兔女郎吶），不曉得現在還有沒有？要不要去看看呢？

典禮當天的天氣非常好，要出門時還在老家的院子裡和母親一起照了相。雖然預算低、露天啤酒場有兔女郎，但典禮會場一點都不馬虎，因爲工作人員熱情親切的幫忙順利完成了結婚典禮，中午的家族聚餐去吃了法國料理。那一天最令人高興的事情就是在和兩邊的家人告別後，明明肚子已經飽了，但還是跟老公兩個人去吃高級的海鮮餐廳。我當時的老公人是個不善於表達自己感情的人，但他那天心情非常地好。能夠知道這個人也會爲結婚的事感到喜悅，讓我也體會到相同的感受。這麼寫下來，我對於爲什麼現在和那個人不再是夫妻了感到不可思議。總之，隨著時光流轉我又變回了單身，又隨著時光流轉再次結婚。

決定再婚時，因爲對方是初次結婚所以便決定舉辦我人生的第二次婚禮。雖然我現在說得好像是因爲王子的關係才辦的，但其實我自己也希望舉辦。當初我要是說不想辦的話，我想王子就不會辦了吧。如果我說喜酒也想辦的話，我想他也完全不會有不願意的感覺。因爲他喜歡做讓人開心的事。

比起第一次的結婚典禮，這次的預算較爲寬裕，所以選了好一點的飯店舉辦結婚典禮。而這次會選擇教會式，是因爲心裡還是會很想跟第一次做出分別的關係。但還有另外一個原因，接下來就要首度公開這個答案。王子雖是初次結婚，但其實他已經舉行過一個完整正式的婚禮了，而且辦在京都的平安神宮，跟著還去了鳥羽度蜜月旅行。是不是覺得這樣不就是結過婚了嗎？但就在轉眼間，要辦理結婚登記前被女方甩了。可憐的王子。因爲這樣，我們兩個人都有過神前式的經驗，所以才會刻意選擇教會式。

舉辦的地點是惠比壽的 WESTIN 飯店。婚禮上來了許多親朋好友，但沒能好好地款待他們讓我感到有點後悔，那時候如果能替來賓們辦個餐會之類的也好。家族聚餐吃的是中華料理。妹妹們的小孩也在，熱熱鬧鬧的，吃得非常開心。

對於第二次的結婚典禮，我印象最深刻的是草莓大福。婚禮當天早上，王子的媽媽做了堆積如山的草莓大福過來，她說：「新娘沒有辦法好好吃飯不是嗎？妳就找些空檔捏點來吃。」雖然草莓大福的量多到捏點捏點地吃的話根本也吃不完，但因爲是剛做好的，如夢幻般的美味，所以我一直吃個不停。到現在我還是偶爾會拜託媽媽做草莓大福給我吃。那一天也是天空晴朗。天氣雖然不能自己選，但天氣好是很重要的對吧？

這麼寫下來，我覺得第二次的婚禮同樣是「喜悅、開心，有舉辦眞是太好了」，從這層意義來看，和第一次並沒有那麼大的不同。

我意識到了一件理所當然的事，「美好的回憶是人們活下去格外重要的必需品。」

那時的草莓大福
好好吃喔……
大家好
我是草莓大福
可不可以再結一次婚啊♥
應該是「可不可以再辦一次婚禮」才對吧？

比起只有自己一個人感到喜悅，跟誰分享這分喜悅就能將這喜悅放大，只要那分共有的喜悅愈大，就能讓原本只是外人的人漸漸成爲自己家人。

就算人生沒有典禮和儀式，人當然還是能夠生存，但這樣一來生活就會像是一篇沒有標點符號的文章。有什麼好事發生的時候，就聚集在一起吃頓飯，互道恭喜，拍張照片。將來年紀大了，依序有誰走了的時候，再次聚集起來，一起分擔悲傷的心情。若能這樣子的話多好。所以我覺得不管是婚禮或是喪禮都是美好的。

對了，那時在根津的咖啡店裡我想到了一件事，我覺得理佐妳非常適合結婚唷。雖然我對妳並沒有了解得那麼深，但我那時覺得「啊!這個人現在是安定的」。對於伊藤怎麼會有那麼長的時間是以「三十歲，單身，一個人生活，兩隻貓」這一類爲賣點，我感到很不可思議。我覺得伊藤妳呢，和結婚很搭唷。雖然像是在說些不吉利的話，但如果這次的婚姻因爲某些理由而失敗了，還是要再結婚比較好喔。而且也可以穿上婚紗拍婚紗照唷!那麼，下次見。

第8話
之特別篇2

相互提問

山本文緒 ▶ 伊藤理佐

伊藤理佐小姐
很害怕老公退休後的生活，怎麼辦才好？
山本文緒

我一向都是在家裡工作，是屬於喜歡一個人在家裡持續做些小型作業的超級室內派，覺得在家方便多了。但這樣的我現在開始有件害怕的事情，那就是老公退休後的生活。

王子似乎滿喜歡跟我聊天玩樂，雖然這是件令人開心的事，但一遇到他放假時，工作和嗜好常常就無法照著我自己的意思進行。現在的話，平常日只有我一個人，悠悠哉哉的倒還沒有問題。但等到他退休後，每天都會一直待在家裡，一想到會被纏著不放就有點害怕。感覺要是每天在一起太久，就會吵一些根本沒必要吵的架。

雖然伊藤你們夫婦兩個人都是自由工作者，而且兩個人現在還是類似分居的狀態，和我的狀況應該差別很大，但妳是怎麼想的呢？

我也有跟文緒
一模一樣的
「獨處欲」
滿滿的
浮
浮
不過我們
不僅
分居！
碇！
還是
新婚!!
嘩！
還有，
比起我的
「獨處欲」，
老公的
「獨處欲」
我的
老公的
好浪！
大得
多了。
呀……
怎麼了!?
為了黏住
你才
橫的♥
老實說，
我現在
明顯比他
還鬱悶……
砰
但沒想到，
竟然也有
「顛倒」的時候。

那是回去「我老家」的時候……
歡迎歡迎歡迎歡迎
雖然老公跟爸爸媽媽相處地很融洽，但他還是有點把我當做是倚靠
啊哈哈哈哈
閃!
會緊緊跟著我。
鋪床之類的也會來幫我。
喝茶?
好啊!
常會提議一起幹嘛。
這讓我開心得不得了!!
嘿嘿嘿
正在找→
啊
哈
啊
那趟長野的返鄉探親之旅非常快樂
山~♥
不過其中有一天的氣氛稍微不太一樣。
實在是……
↑在試探他會不會跟過來

爸媽已經準備好了「事情」讓我們做。
哇—
哇—
大量…
呵呵
那就是「夾蜜蜂幼蟲」。
當天取下來的峰窩，
你好
要在當天將蜜蜂幼蟲
用鑷子一隻一隻地夾出來才行
哇哇
哇哇
而且有好幾層!!
嗚哇！
認真
……
……
放
爸媽則是在做其他的事
靜～
靜～
有事情做，
心情感覺非常自在……
咦？現在感覺「很快活」？

那天是7層……

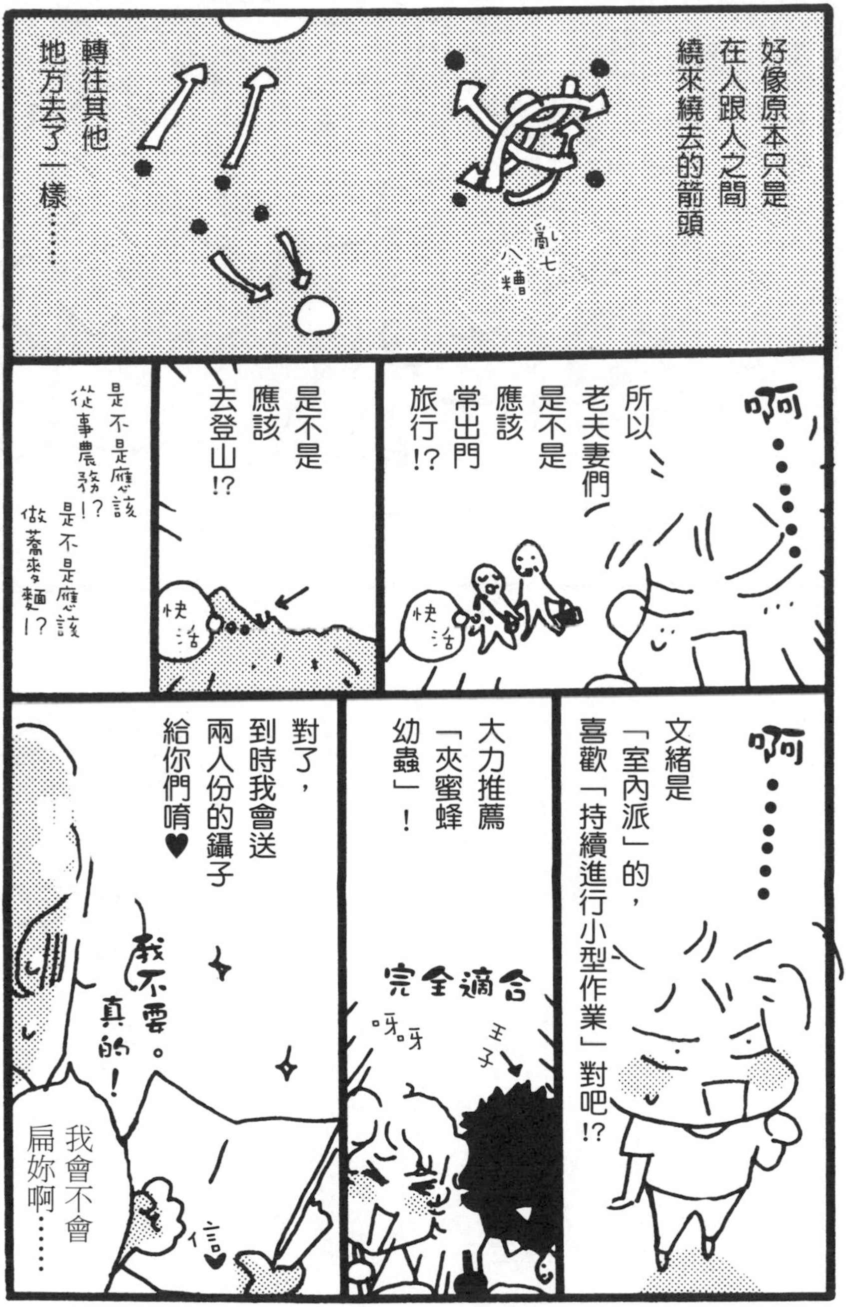
好像原本只是在人跟人之間繞來繞去的箭頭
亂七八糟
轉往其他地方去了一樣……
啊……
所以、老夫妻們是不是應該常出門旅行!?
快活
是不是應該去登山!?
快活
是不是應該從事農務!?
是不是應該做蕎麥麵!?
啊……
文緒是「室內派」的，喜歡「持續進行小型作業」對吧!?
大力推薦「夾蜜蜂幼蟲」!
完全適合
呀呀
王子
對了，到時我會送兩人份的鑷子給你們唷♥
我不要。
真的!
我會不會扁妳啊……
信

很自然地
加上了
水珠的圖案……

第 9 話

受不了濺出來的尿！

一進到廁所就會看見腳邊有水滴，每次看到都會下意識地「嘖」一聲。沒錯！我受不了男人在小便時濺出來的尿。通常不是應該把它們擦乾淨嗎？曾經有一次提起勇氣跟他說：「老公，廁所地板常常出現濺出來的尿，尿完後擦一下好嗎？」但他還是完全沒有改進。基本上我覺得他是個好老公，難道是介意這些瑣碎小事到不行的我不好嗎？

（三十九歲　由香里　結婚三年）

有個樂團叫「生物股長」，主唱是個讓人感覺清新的女孩子，再加上兩個男性所組成的三人樂團，是以年輕人爲目標聽眾的樂團，因此可能也有滿多人不曉得這樂團。但最近他們非常紅唷。這樂團我也不是很了解，偶爾會在電視上看到他們。至於爲什麼我會沒頭沒腦地就談起生物股長呢？因爲前幾天王子在開車時突然開口說道：「生物股長這個樂團的名字吶，指的是不是小學時負責照顧兔子等動物的那個生物股長？」

「欸？不是嗎？爲什麼這麼問？」

「是的話妳的直覺還滿強的。」

「我不認爲如此。我總覺得他們取的是一個跟『拚死拚活』差不多的詞。」

「完全不對吧！」

這是我們那時的對話。然後王子說：「而我們家的生物股長就是妳對吧。」那時坐在副駕駛座的我，膝蓋上躺著小咲（之前寄養在老家，現在是在帶小咲回家的路上），正依偎著我哆嗦地抖著。

原來如此，我是生物股長。餵貓吃飯、注意牠體重的增減和毛色、有時間的話就陪牠玩、每天打掃貓廁。之前也曾寫過，如果放著王子不管，他就會出現衛生方面的問題，所以我要洗他的衣物、皮膚乾裂的話幫他塗乳液、感冒的話餵他吃藥、勸他早點上床休息。平常的打掃、下廚、採購大部分也是我在做（雖然王子也會做）。爲什麼是我呢？因爲這些事我比較拿手。相對的，搬重物、開車、電子產品、查事情、對外交涉之類則是王子比較行，所以這些都是他在做。如果以粗略的職務分擔來說，我就像生物股長，而老公就像是班長。

順帶提一下「生物股長」樂團名字的由

來，是因爲樂團中的兩個男性眞的在小學時當過生物股長。什麼拚死拚活的眞是對不起。

回到正題，我讀了這則有關廁所的煩惱後，腦中第一個念頭是：「這位讀者其實是因爲其他的事在生氣吧？」

當然，廁所髒了的話當然會不開心。對女性而言，小便時會濺到馬桶外根本是無法想像的事。但換到男性身上，就是會濺出來。「濺出來的話就拜託把它擦乾淨嘛」這想法我也能理解，但不會全部擦乾淨才是男人會做的事。雖然也有會去擦的男性，但日本的成年男性有半數以上都不會全部都擦乾淨吧？

就算被老婆責罵，還是不會立刻衝去將濺出來的尿擦掉。這到底是爲什麼？難道是不會覺得那樣很髒？我想應該不可能有這種事。自己家的廁所要是髒得要命，只要不是非常遲鈍的人應該都會在意才對。要說他們爲什麼不會對自己的尿形成的髒污感到在意，可能是因爲在本人注意廁所變髒之前，生物股長就已經把它們清乾淨了。

請回想一下自己小時候老家的廁所又是怎樣的情形呢？好像是非常舊的樣式，雖然家裡有爸爸及老哥兩位男性，但是廁所並不髒。廁所這地方，如果都沒有人去掃，過幾天就會變髒。至於是誰把廁所變得乾乾淨淨的呢？就是擔任生物股長的媽媽嘍。

這麼簡單的道理，我在二十歲之前都沒有發現。會發現這個道理是在我大學的時候。因爲男朋友一個人住，所以我去了他那裡，結果嚇了我一大跳。

廁所髒得可以。但是那時我們才剛開始交往，還沒辦法那樣直接地說出口。所以我就趁著他去打工的時候把廁所打掃得亮晶晶的。我這麼做也不是想要博得他的歡心，只是自己非常不想在骯髒的廁所裡上廁所而已。沒想到這舉動意外獲得他極大的感激，後來還以「因爲妳幫我把廁所打掃得很乾淨」的理由突然暗示要和我結婚。那時心中複雜的感覺多過開心，果然之後那人在弄髒乾淨的廁所後並不會自己打掃。當然結婚的事也就不了了之。

也因爲這樣，我不太喜歡不會自己一個人生活的男性。這並不是說住在家裡不好，而是我覺得明明都是大人了卻還要爸媽照料的人之中，大概會有很多人以爲廁所的衛生紙如果沒了會自己從廁所裡生出來。還有以爲廁所會自動變乾淨。

做爸媽的都不太會讓小孩子打掃廁所呢（當然也是會有讓小孩子打掃的家庭）。這無非是因爲爸媽就是小孩子的生物股長。從大人的眼光來看，小孩子非常地笨

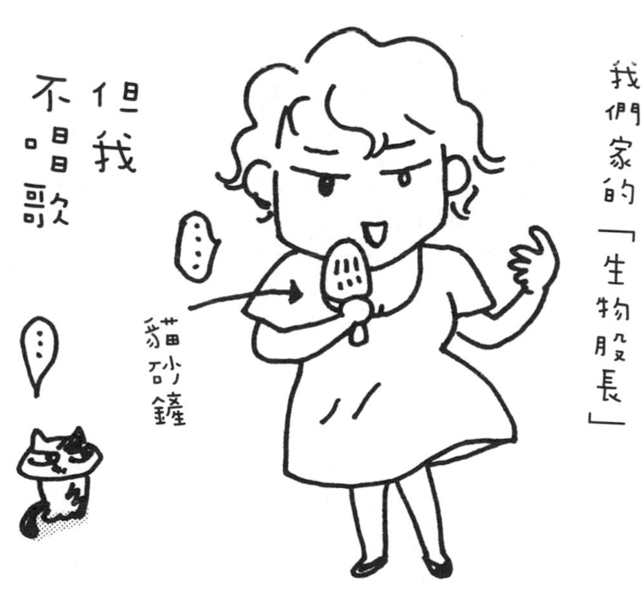
我是
我們家的「生物股長」
貓砂鏟
但我
不唱歌

之前
怎樣的人才是理想的類型？
在聚會上談到
這個話題時
坐著小便的男人
啊哈
嘿
嘿
會這麼回答是因為這想法也曾經盤據在心中
而且回答這個比回答「福山雅治」那些有趣多了……
傻蛋
但我還是認為交往到的人是「坐著的」還是「站著的」要靠運氣。

手笨腳，就算讓小孩子洗碗也洗不乾淨。之後還不是要幫小孩子再洗一次，乾脆自己洗還比較快，不知不覺就變成父母自己在做。我想對於廁所的打掃，父母也是同樣的考量。

說到這個，我讀過一篇文章，講的是最近有很多年輕媽媽討厭兒子小便時濺出來，因此教他們要坐著小便。而且還不是只針對兒子，對老公也是給同樣的指示，而照著做的男性正在增加中。這麼發展下去的話，到了下個世紀時，站著小便的男性應該就會消失了。「是男人的話，就給我站著尿！」有這種想法的我根本是昭和時代的過時女人吧。

離題了。對於掃廁所這件事，是不可能有人會感到無比歡欣的。不管是誰，掃廁所都不是一件提得起勁去做的事。但就我而

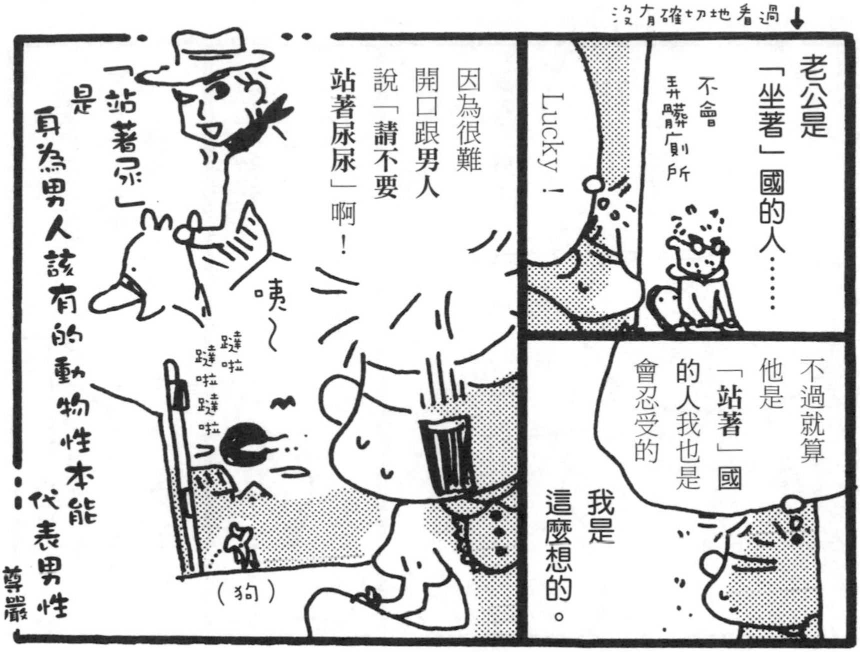
沒有確切地看過
老公是「坐著」國的人……
不會弄髒廁所
Lucky！
不過就算他是「站著」國的人我也是會忍受的
我是這麼想的。
因為很難開口跟男人說「請不要站著尿尿」啊！
咦～
躂啦躂啦躂啦躂啦
（狗）
「站著尿」是身為男人該有的動物性本能
代表男性尊嚴

言，我並不會排斥。我認爲這是天性使然，像我對於生物的排泄物就沒有那麼厭惡。每天要確認貓排出的東西（漂亮的糞便是健康的證明），朋友喝到爛醉才回家也能夠以平常心收拾善後，也曾經幫老年人換過尿布。所以並沒有對或不對的問題，有人對這些事就是沒輒。不適合擔任這種生物股長的人只要能夠在圖書委員、學生會還是自己拿手的事情上面大展身手就好。

　那麼，爲什麼前面我會說：「這位讀者其實是因爲其他的事在生氣吧？」是因爲我感覺到這位讀者對於生氣這件事存著迷惘。會這麼說是因爲我認爲那根本就是可以毫不客氣生氣的事啊。一個成年人是不可能在弄髒廁所後覺得無動於衷吧？又不是沒辦法自行打掃廁所的寵物、健康狀況差的人，或是起不了身的老年人。話雖如此，但爲什麼

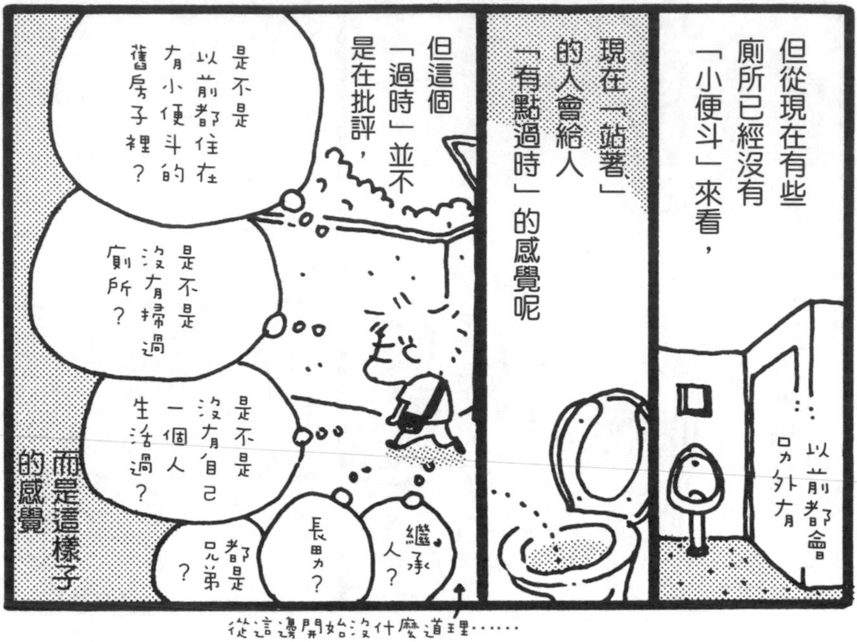

這位讀者又會覺得對這種事有必要這麼囉嗦嗎？

假如對方是偷吃的話，鐵定就會毫不遲疑地發火吧！我覺得在這件事上，生氣的力道應該可以跟抓到對方偷吃時差不多。然而這位讀者還是猶豫著。不只是廁所的事，這位讀者也出現了「不過是雞毛蒜皮的事，不太好意思開口，不過我氣得受不啊」這樣的不滿。我推測會這樣子其實是因為這位讀者對於更根本的事情懷有憤怒的情緒，但又因為某些理由不得不吞下去。因為無法進攻問題的核心，所以才會淨在瑣碎的事情上生氣。

現在的我是覺得老公會把尿濺出來這點事根本不值得在意。但假如王子都已經是勤於上酒店，還說要拿我的錢去幹嘛幹嘛這種不負責任的話（不可能會發生），而我因為

要說真正「過時」的是這個人
因為我是「明治的男人」
這不怕別人知道。但他卻是……
我想法過時啲
喂～喂～
不新潮啲
「坐著」國的居民……
為什麼老公是坐著小便的呢？
記得他老家有小便斗
什麼時候變成「坐著」的？
是因為一個人住，掃廁所很辛苦嗎？

不想跟他分開、我一個人活不下去之類的弱點，使我不敢開口罵他（不可能會發生），明明心中一直化解不了對這些事的不認同，但又害怕被王子嫌煩，也許我就會閉上嘴默默地把廁所地板擦乾淨。雖然這個例子舉得非常地極端就是了。但當一個人不能把想說的話說出來時，可能就會生氣、膽怯，或是背負某種鬱抑沉重的東西。

最後再補充一下，當我健康狀況不佳或很疲累的時候，廁所清掃和煮飯值日生的工作，都會由擔任班長的王子接手去做。班長眞辛苦。班長加油。謝謝你，班長。

打了電話去他的工作室問他為什麼坐著小便。
嗶嗶嗶嗶
我問你喲，為什麼你是坐著小便？
啊，那個是因為……
深深覺得電話很方便
他就像早就準備好了答案一樣，毫不遲疑地回答我……
①因為一個人生活，掃廁所很辛苦
這答案已經猜到了
嗯嗯
還有
②因為不想在深夜裡醒來。
因為不想在深夜裡醒來
變成月亮
啥？
晚上上廁所時，要是為了不弄髒而進行瞄準的話就會醒過來啊
坐著的話就可以在半夢半醒間小便。
第一次聽到
哦哦哦
啊～

欸？
不過你偶爾會站著小便耶？
工作室的馬桶蓋有時是掀起來的
那個啊……
工作中…
③因為有時會不想露出屁股
說了屁股
出門前或是穿很多衣服時，脫褲子很麻煩。又會冷。
我之前認為的
「站著尿」是身為男人該有的動物性本能代表男性的尊嚴
竟然沒有一項是像「男人」的！
也不「明治」……
因此，「因為身為男人」的這個理由已經從我的心中被排除掉了，現在對我而言，男人就只是個「弄髒廁所也覺得無所謂的傢伙」而已
看到被弄髒的廁所
會有這種女性嗎？
呀
好Man
這跟「大便不沖水的女性」不是一樣嗎？
啊
沒錯！
所以我認為妳可以堅持到底
這回答可以嗎？
大…大……大便！

那個，該不會是……
沒錯。是「烤年糕」。
隆起

第10話

老公妒火中燒怎麼辦？

我結婚的對象是我大學時的同學。他個性就像藝術家性格，玩世不恭，沒有朋友。我們是在大學畢業時開始交往，如膠似漆的，他老是對我說：「要是沒有亞衣的話，我會活不下去。我們結婚吧！」但我的工作很忙碌，遇到無法下班回家的時候，他就會頻繁地打電話到公司來查勤。因為我做的是廣告業，所以應酬也很多，但他似乎不相信我的工作有很多飯局，還曾打電話問我的同事：「她真的在工作嗎？」要和朋友去喝個酒也要祕密地去才行。是不是結婚後就會變得那麼容易吃醋呢？

（二十七歲　亞衣　結婚兩年）

因爲我從不嫉妒別人，也沒被別人嫉妒過，所以不太了解這種煩惱——要是說得出這樣的話多帥氣啊！但很可惜我是個非常容易嫉妒別人的人。「烤年糕」（日文中以「烤年糕」形容嫉妒、吃醋的行爲）這個詞聽起來雖然滿可愛的，但它卻是和「嫉妒、吃醋」這類的意思相通。

我非常容易對各種事情妒火中燒。王子跟女性去吃飯，我一點都不開心。銷售量比我好的作家，我每一位都羨慕。前幾天得知一位朋友的新男友長得又高又帥時，我還咬起手帕「嘖」了一下。

就利用這個機會坦白好了，我連理佐和王子的事都嫉妒過。因爲王子是編輯，所以曾經去過和伊藤有關的宴會，而他回來後將當天伊藤多麼有趣的事鉅細靡遺地講給我聽。我覺得非常不甘心，我也想要親耳聽聽伊藤爆炸低級的談話啊！對了，還有兩年前的夏天，那時我離開東京，我的祕書棉花糖跟伊藤等人（負責這個連載的S町責任編輯＋F書評家）從午餐吃喝玩樂到深夜，當我聽到這件事時，同樣感到相當不甘心。

不過這些感受我平常並不會說出來。因爲說出來也不能怎樣，我也得不到任何好處。

王子如果會跟女性去吃飯，都是工作上的需要或是跟認識我之前的朋友去吃。王子還經常邀我一起去，但我幾乎都因爲稿子還沒寫完而沒辦法去。而賺得比我多的作家都是廢寢忘食地寫，工作量超過我太多太多了。交到超級英俊男友的那位朋友就是擁有那樣的魅力，而我知道那魅力是她努力的結果。也就是說，會淪落到說出「我不開心啊、我不甘心啊」這些話都是自作自受的，連另一個自己都會吐槽我「羨慕的話就給我更加努力」，所以我盡量只讓這些彆扭的感受暗自地留在心裡。

另外呢，就算我愛嫉妒別人，但還是有些可以令別人羨慕的事。比如常常會遇到別人跟我說「作家呢！好棒喔」、「能跟一位好男人結婚眞是幸福呢」！而對於這些話，我非常煩惱到底該怎麼回答才比較好？如果老實地回答：「對啊。工作又好，老公又溫柔，怎麼看都太幸福了。」可能會惹惱那個覺得羨慕的人，所以只能嘿嘿笑著含糊混過去。很多時候，常常會遇到有人的態度是「你擁有我沒有的東西，眞奸詐」，但那個人苗條美麗還擁有高學歷，反而是我在內心想著我才羨慕妳呢。但我會注意這想法只能留在心裡，因爲要對妒火中燒的人給予「不要嫉妒我」的勸告，然後對方還會回答你「對不起，我知道了」，根本不是那麼簡單的事。而因爲「自己會覺得煩惱的事也不要對別人做」這個簡單的道理，我也都盡量不對人說：「眞好，我好羨慕你啊！」

雖然我會這麼想，但我終究是人，還是會有從嘴巴流露出妒意的時候。這對於外人尙能壓抑得住，但對家人或親朋好友，可能就會因爲沒注意或想要恃寵而驕而說溜嘴。

剛結婚不久的那陣子，王子隸屬於工作非常忙碌的部門，那時應該就是最明顯的時候。王子爲了想要熟悉從沒做過的工作內容而非常努力，每天都工作到很晚，只要有一點時間就查資料或用功，一個星期只有一天的休假也還是在處理工作上的事，幾乎快垮了。而爲了維持人際關係，工作的空檔他還要東奔西走，而我則不滿於自己被冷落一旁，覺得寂寞無比。有次終於盼到睽違已久的出遊。我們一大早就出門，晚上他卻因爲要跟朋友吃飯而要我一個人先回去，我的怒氣便不可遏止地爆發了。站在王子的立場來看，那時是無法把時間都花在我身上的時期，所以對這種情況感到不知所措。

現在回想，那時我的工作不順利，身體不好，精神狀態也不穩定。因爲自信心動搖、心情變得緊繃，所以對身邊的人的關心轉向別處感到極度不安，而這不安便以嫉妒的形式表現出來。所幸在我戰勝疾病、心情平復下來之後，就算王子很忙碌也不會影響到我的精神狀態了。

接著來談談王子的吃醋和嫉妒又是什麼樣的情形。每當我陶醉於電視上出現的歌手或演員時，他就會喋喋不休地說些刺耳、無所謂的話。他從未說過什麼不可以去喝酒、不可以晚回家這類限制我行動的話。我一個

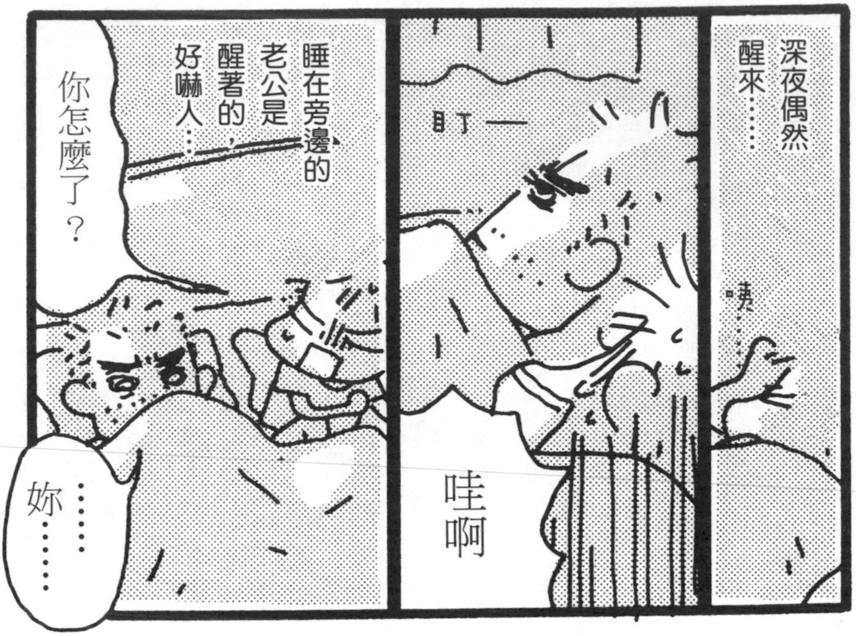
深夜偶然醒來……
咦……
盯—
哇啊
睡在旁邊的老公是醒著的，好嚇人……
你怎麼了？
妳……

人也會去旅行，我不在家的時候，他還會爽快地幫我照顧貓咪。

不過他對我的行爲還是曾提出過幾次的要求，那時我的身體狀況明明不好卻還喝過一攤又一攤，搞得每天癱軟無力。但王子並不是嫉妒，而是因爲非常擔心而生氣。也因爲這樣，恢復健康後的現在，我不再那麼做了。

我覺得王子的心胸非常寬大，由衷地感謝，但轉念一想，王子的行爲不是非常普通的一件事嗎？

我們兩個人會認識是因爲工作上的關係，所以大致上了解對方的工作是怎麼一回事，以及往來的是哪些人。比方說應酬，因爲我們都知道應酬絕對不是都在玩樂，因此不會在這件事上出現歧見。與其說應酬是件讓人搞不懂的工作，倒不如說是件不可思議

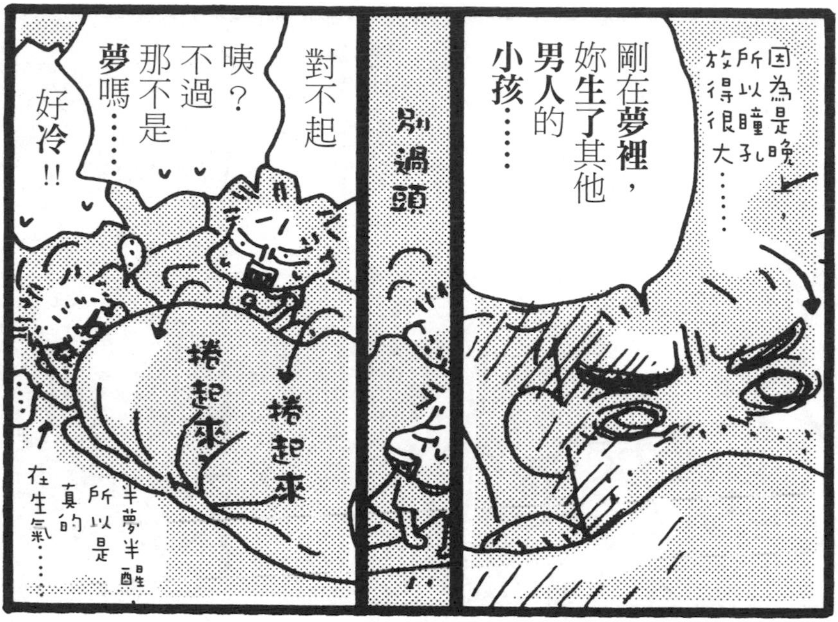

的工作。大伙兒一起吃吃喝喝、打打高爾夫球，這樣子竟然也叫工作，說古怪也眞的是古怪。但這古怪的工作卻還存在著拉近雙方關係的目的，很難跟完全不同行業的人進行說明。

不只是應酬，我們也了解彼此的工作有哪些事特別辛苦、什麼地方可以放點水。伊藤你們夫妻兩個人都身處同個行業，所以不需要從頭向對方說明，感覺你們這樣子輕鬆多了。

我會決定跟王子結婚當然是因爲喜歡他，但也有一部分是因爲我們了解彼此工作那種無需顧慮的感覺。還有價值觀相似也是一大原因。

因爲是另一個個體，所以兩個人不可能會完全相同，但我們同樣擁有尊重對方、開開心心地在一起的基本態度，而且在閱讀和

音樂上的喜好也有許多重疊的地方。除此之外，我對於結婚對象沒有要求要又高又帥，不會情緒激動、穩重、有毅力的個性重要得多了。所以跟不講理的人別說是要結婚了，我連交往都沒交往過。

王子是個心胸寬大、幾乎不會嫉妒別人的人，但如果他不是這樣的人，我當初就不會跟他結婚，這樣的台詞會不會讓人覺得很傲慢呢？說這種話鐵定會遭人嫉妒吧？

我非常同情這位陷入苦惱的讀者。打電話到工作的地方問妳的同事「她眞的在工作嗎」？這種行徑根本不是一個大人會做的事。但是呢，當初兩位相遇的時候，妳不是早已經強烈感覺到他玩世不恭的個性了嗎？兩位的關係是從這裡開始的，而到一直走向婚姻之前，彼此是彼此唯一能依靠的存在，兩個人眼中都只有對方，所以如今正深深覺

還有，
被嫉妒、吃醋的人
「能不能把那
當成趣事來看？」
也是重要的關鍵。
前面那是什麼？
砰
啊
出現
？
轉頭
啊哈哈
可以
一笑置之
……

得「不應該是這樣的」、「情人在結婚後就變了」的人，應該是他才對不是嗎？

半夜裡突然說我生了其他男人的小孩……
還把棉被捲走……
好冷……
發抖
發抖
哎喲
例如跟娘家的老媽說……
而「打電話到公司」就是「不可愛」跟「不有趣」的代表性例子了
老公吃醋吃過頭了……
打電話到公司來……
在工作中……
我明明在上班……
欸ㄟ
變成
哎呀！我老公超愛吃醋的
我都騙他跑去喝酒
醉
醉
醉
咕
哈哈哈
太愛我!?
耶！
舉例而已
能不能轉變成這樣呢？
怎麼說呢
為什麼突然穿上和服？
喵
沒什麼，只是想讓語氣溫柔點……

在這裡通知大家一件很遺憾的事……
不管怎麼做，男人應該都是「不會改變的」……
看看自己的老爸
永遠都是一樣的**性格**
大概要花上一百年才會變吧？或是改變時剛好是第一百年？
「吃醋」也是一樣，永遠都會。
試著快點將之當成是「可愛的行為」如何？
而且一個人就辦得到。
不行的話就再想想別的法子。
還有，我有點**反對**說謊跑去**喝酒**。
因為不曉得會不會發生**交通事故**或是**心臟病發作**之類的意外……
我家的話，約喝酒的時候要先告知是跟誰、去哪裡喝。
我去了
40歲的夫妻的關係？
哦。
當然我老公也是
是吧？
和服夠了！
可是，我老公很少為我吃醋。
這是在放牛吃草嗎？
那樣也會覺得很寂寞吧
嘟嘟嚷嚷

辦記者會家家酒♥
請問他怎麼跟妳求婚的？
只有兩個人的記者會……
等一下會對調……

第11話

結婚戒指是必要的嗎？

我和交往十年的男友決定要結婚了。可是將要成為我老公的他竟然問我：「不需要什麼結婚戒指吧？」但他應該不是想要裝做單身，他是我在工作上認識的人介紹的，確確實實是絕對不會偷吃的那種人。他說：「我討厭形式化的東西。」聽到他這麼一講，也讓我覺得戴不戴婚戒似乎沒那麼重要。可是我心裡總還是無法完全釋懷……

（三十六歲　由紀子　未婚）

我是「昭和之女」。我出生於昭和三十七年（西元一九六二年），那一年約是悠長昭和時代（西元一九二六年至一九八九年）的中期。跟著昭和初期出生的雙親生活，從未跟明治時代（西元一八六八年至一九一二年）出生的祖父母同住過，在所謂的新興住宅區裡與相同世代的人一同長大。因此刻印在我心裡的價值觀是相當純粹的「昭和價值觀」。

由於我是這樣的一位昭和女，所以左手無名指上戴著結婚戒指。小我一歲的王子同樣也戴著結婚戒指。當初決定要結婚時，我們就討論兩個人都要帶婚戒。

那時手邊的雜誌《Hanako》裡有一篇婚戒特集，裡面介紹的Van Cleef & Arpels婚戒看起來非常地美麗，我跟王子說這個不錯，王子看了就說「不錯唷」，毫不費力便決定了。雖然貴了點，但因爲是要戴一輩子的婚戒，所以會想要選擇好一點的。順便一提，我前一次結婚時同樣也買了婚戒。那時年紀尚輕，身上沒什麼錢，所以決定放棄蜜月旅行，用蜜月旅行的經費買了一家名字叫四度的珠寶店的婚戒。前夫同樣也非常開心地戴上婚戒。

這麼一路回想起來，也讓我想起了出生於昭和中期的我，對於結婚時不可或缺的事物有著什麼樣的優先順序。

大致上，第一名是結婚典禮，第二名是家族聚餐，第三名是結婚戒指，接著是蜜月旅行。除此之外的事物，例如喜酒沒有也無妨，媒人也不需要，訂婚戒指、下聘、新婚衣櫃組也不是必要的。當然就算是同個世代的人，什麼是重要的、什麼又應該怎麼做，還是會因人而異。不過我這個世代裡，還是有很多人在結婚時會找媒人、到女方家下聘、辦喜酒，連沒什麼來往的親戚和公司上司也邀來出席婚禮。

雖然這只是我個人的感想，但我覺得昭和後期（西元一九七〇年左右以後）出生的人已經遠遠脫離了昭和型的價值觀。婚戒、婚禮、雙方家庭的會面、蜜月旅行通通都不需要，只要辦理結婚登記、住在一起就算是結婚，擁有這樣子的認知的人變多了。不，也有人是沒有辦理結婚登記而選擇事實婚（指雖然未辦理結婚登記，但雙方實質上如夫妻般共同生活），或是也並非一定要住在一起。

從這層意義來看，伊藤就像是位「昭和後期之女」。手上既沒有戴戒指，也沒有形影不離地跟老公一起住。但之前倒是穿上和服舉辦了一場「類婚禮」。這部分還感覺得到昭和的餘味。這麼說來，我記得伊藤曾在哪裡寫過她對飾品不怎麼在行，這可能也是她不戴戒指的原因之一吧。

其實我對飾品也無法說很在行。雖然我有一些項鍊、耳環和時尚戒指，但只會在需要盛裝打扮出門時配戴一下。只要一回家就會因爲想要輕鬆點便將飾品取下，換上家居服。會一直戴著的只有結婚戒指而已。老實地講，如果連婚戒都拔下來的話乾淨俐落多了，但不管做什麼事都拔下來的話又怕會不見，所以除了游泳和塗護手霜，其他時候我都盡量不拔下來。

寫到這裡才突然覺得，婚戒其實很礙事，那爲什麼我還要戴呢？身爲昭和女的我只是很自然地覺得「本來就是這樣」而戴起了婚戒，至於戴婚戒的理由，老實說我一次都沒認眞想過。

雖然自己這樣說有點那個，但我非常喜歡照規矩。難道不覺得婚戒看起來很得體嗎？看到電視裡的藝人戴著婚戒時，我心裡會出現像是婆婆媽媽似的想法：「喔！沒想到有好好戴著婚戒呢。」不過前些日子，朋友跟我說：「妳眞不了起，婚戒都有好好地戴著。」聽到這句話時，我心裡覺得好像有哪邊不對勁。了不起？好好地戴著？嗯～眞的是這樣嗎？儘管我側頭想了又想還是想不通爲什麼會覺得不對勁。該不會戴上了婚戒，別人就會以爲我是在大聲主張「完成售出契約」或是「我會守貞操」嗎？

會偷吃的人就算戴上了婚戒還是會偷吃。我還聽過一種說法，類似是說戴了婚戒的男性從一開始就打出了「我就算偷吃，家庭也不會受到傷害唷」的暗號，所以反倒還比較容易偷吃。女性如果喜歡上老公以外的

「昭和芬芳組」
首張單曲
「結婚戒指」
會大賣嗎？

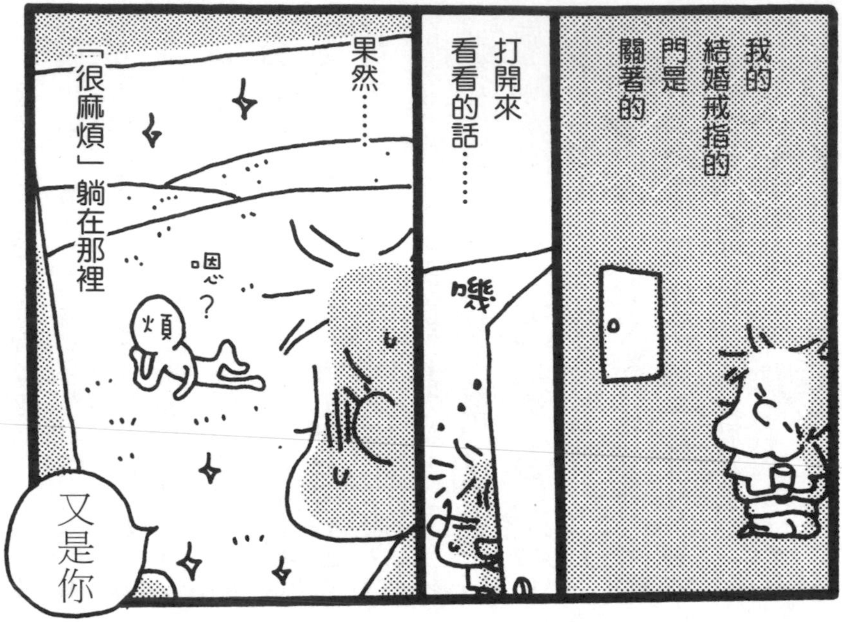
我的
結婚戒指的
門是
關著的
打開來
看看的話……
嘰
果然……
「很麻煩」躺在那裡
嗯？
煩
又是你

男性，在那位男性面前大概會將婚戒拔下來吧。我覺得婚戒完全發揮不了貞操帶的功能。欸？那戴婚戒到底爲了什麼？單純只是個老舊的慣例？

仔細想想，結婚的時候要交換戒指根本不是日本自古以來就有的習俗，這習慣應該是日本在西化的過程中普及的吧。爲了這個問題，我稍微上網查了一下維基百科，據說婚戒在西方是從十一世紀左右起作爲一種「神聖誓約」加入到教會的結婚儀式裡。那部分我只是粗略看過。後來發現了讓人意外的內容：「在日本，一直到昭和四十年左右爲止，戴婚戒都還未成爲大眾化的習慣，但漸漸隨著生活的西化而流行了起來。」昭和四十年換算成西元的話就是一九六五年。離現在非常近不是嗎？

雖然我不認爲維基百科上寫的全都是對

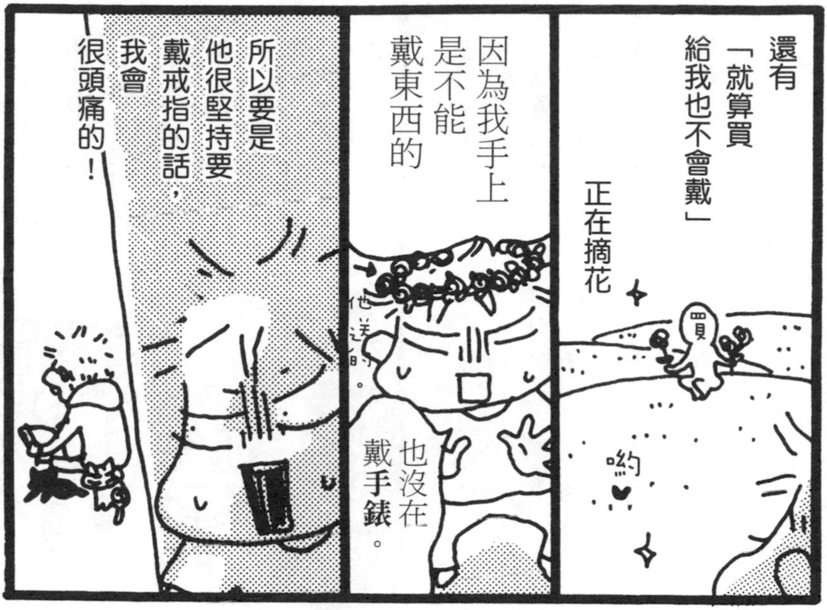
還有
「就算買給我也不會戴」
正在摘花
買
喲
因為我手上是不能戴東西的
他送的。
也沒在戴手錶。
所以要是他很堅持要戴戒指的話，我會很頭痛的！

的，但話說回來，日本人養成戴婚戒習慣的時期遠比我以爲的還要晚。我的爸媽是在昭和三十一年（西元一九五六年）結婚，只有媽媽戴婚戒（爸爸則沒戴）。所以我推測比昭和四十年再早一點就開始有戴婚戒的習慣了。但現在這個習慣已經是日落西山了，日本人的「已婚的人要戴婚戒」這個習慣再怎麼算也只持續了四十年左右。四十年不過只是歷史裡的一瞬間，什麼都不會留下。江戶時代染黑齒（在古代日本，貴族間即有染黑齒的習慣，到了江戶時代（西元一六〇三年至一八六七年），民間的已婚女性也開始染黑齒。此習俗直至明治三年（西元一八七〇年）由政府明令禁止後才漸漸消失）的習俗還維持得比較久不是嗎？

　昭和女的我，似乎就是因爲碰巧讓我人生的前半段遇到了那短短的四十年，結果讓

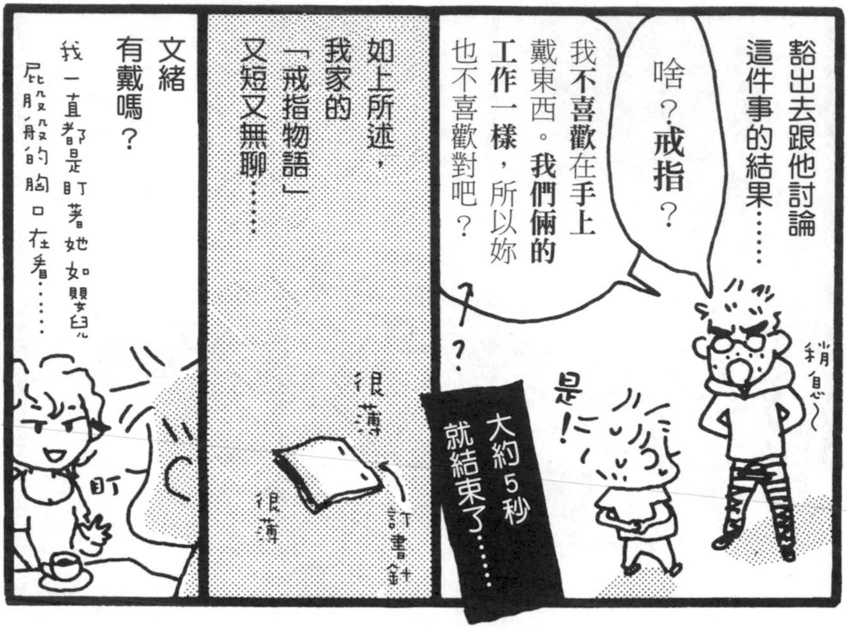

我就這麼有了「結了婚就是要戴婚戒」的觀念。明明我又不是西方人。明明我也不是基督徒。什麼有好好地戴著婚戒、什麼眞了不起，根本沒這回事。那分不對勁的感覺就是從這而來。

我還注意到另外一件事，那就是當我們做著跟身邊的人同樣的事情的時候，就不會老是想著需要理由什麼的。

譬如說，有沒有認眞想過爲什麼出門時要化妝呢？男性就不用，爲什麼只有女性需要化妝呢？雖然也有不化妝的女性，但那只是少數。明明可以不化妝的話輕鬆多了，卻因爲「化妝的話或許會比較漂亮，看起來也比較得體，而且大家也都有化妝」這等理由，讓眾多的女性幾乎每天都會化妝（我也是）。不論是結婚戒指還是化妝，當自己成了少數那一派，身邊的人便會問我們：「這

王子有戴嗎？
我每次都喝醉……
哈哈哈
其他時候玩得太高興，所以從沒注意戒指的事
碰
放煙火
結婚戒指應該是在觀察人時最有用的物品吧……
煩
買
身為女人跟身為漫畫家，會有不同的想法。

那時還驚動了警察過來

麼做的理由是什麼？」這時人們才首次向自己的內心探尋那個理由。

進入平成時代（自西元一九八九年起）後，至今過了二十多年，昭和時代已經漸漸遠離。今後或許將變成由想要戴婚戒的人去思考及主張自己戴婚戒的理由。要想駁倒不想戴戒的人應該是一大難事，請多多加油。

雖然我沒有仔細想過就迷迷糊糊地將婚戒戴上，但這是我自己的神聖誓約，也是拜託對方買下的高價戒指，今後我會把它當做是昭和的遺物永遠地戴在無名指上。

但是偶爾戴上戒指會遇到
好啦！我知道你結婚了啦！
嘖！你在炫耀……
這麼想的人
跟
欸～原來結婚了啊！
令人意外
這麼想的人
這或許就是覺得「戒指物語」有趣的人跟無趣的人之間的差別也說不定
呵呵呵
太美好的故事我不是很喜歡……
我喜歡錯綜複雜點的……
還有就是簡潔有力的
說到這個，我第一次覺得有趣的「戒指物語」是這個人的
母
小時候
我媽媽從不戴首飾，也沒舉行婚禮，既不染髮也不化妝，但只有戒指會一直戴著……
這是便宜貨
爸爸在結婚那時買給我的
我從沒有拔下來過
欸～
三姐妹

因為拔不下來啊
變胖了
呼……
我也想拔下來
啊哈哈哈
雖然是很常見的事，但小孩子就是會覺得很好笑
妳男朋友會不會只是認為「反正事情好像也不會變得有趣，所以還是算了」呢？
沒有別的意思。
不然要不要試看看這樣？
老公
你不是不想戴戒指嗎？我不是也不想戴嗎？
嘿～
嗯？
那麼，我就把它們換成相當於兩人份的項鍊，為了你戴上吧！珍珠的好了！
好啦
嘿！
喂
什麼時候都變成妳的了？
好啦
屁啦
個屁
要戴啊！理佐……
還有，妳根本也不戴項鍊的吧
啊
好
踢
……

第 12 話

怎樣才能結婚？

我一直都很喜歡看這個連載，但所有的問題都是由「結得了婚的人」提出的，這有時會刺痛我的心。我今年四十五歲，單身，既不是在大公司上班，外表也不顯眼，也不懂得穿衣服。喜歡酒和美食，也常和男性朋友們一起去喝酒。可是如果不「邀約」女性就沒機會遇到女性。心裡隱隱有著「再這樣的話就不要結婚好了」的想法。在這世界上到底要怎麼做才能結婚呢？

（四十五歲　良平　未婚）

在談關於結婚的煩惱之前，可以先聽一下我的煩惱嗎？

我的運動神經非常地遲鈍，非常非常地遲鈍。在我還是小孩子的時候，跳箱完全跳不過去，排球的發球也飛不到對方的場地裡，而體育老師只是覺得驚訝而已，從未安慰鼓勵過我。對於不安害怕、快哭出來的我，絕大部分同學表現出的是冷淡的態度。也因此只要有體育的那一天，我從早上就會感到嚴重的憂鬱，不到一個小時的體育課對我而言就像是漫長的拷問時間。

幾乎什麼運動都做不來的我，單槓是唯一好一點的項目，因爲爸媽在老家的院子裡幫我搭了單槓，讓我可以充分地練習。當我看到那些不用練習就能夠跳過和身高差不多高度的桿子，或是成功在平衡木上做出跳躍動作的人時，我驚訝到說不出話！心裡深深覺得要是放學後能借到跳高的器材和平衡木來使用的話多好，那樣就可以請朋友教我並練習。我也眞的有去拜託過體育老師借我器材，但卻不被當一回事。無法做到許多人不費吹灰之力就能完成的事，眞的令人羞愧到無地自容。

但這些也是過去的往事了，我早就已經是位大人，關於自己的運動神經也已經沒有什麼煩惱了——如果能這麼說的話該有多好。其實苦惱至今還在持續著。雖然已經不會再出現別人強迫我做運動的情形，但生活裡還是會因爲遲鈍的運動神經而讓我每次在做運動時受到自卑感的折磨。現在想想，雖然在孩童的時代也不好受，那還可以託詞是「不想做卻被逼著做」，而現在面對的是更加艱難的煩惱——我必須老老實實地接受不中用的自己。

約兩個月之前，有件事讓我再次深切體會那許久沒出現的煩惱。起因是第一次與酒井順子（日本知名女作家，作品《敗犬的遠吠》掀起了敗犬的話題熱潮）老師見面，不過那次和工作無關，單純只是大夥兒一起去溜冰的出遊節目而已。因爲聽說今年冬天在市中心有座只會設置一段期間的小型溜冰場，我加上酒井老師還有多位編輯決定要去那溜冰。雖然這不是可以拿來說嘴的事，但我連跳箱都跳不過去了，滑冰當然也是不會溜嘍。不過我還是穿上了冰鞋踏進了溜冰場，結果身體僵硬得好比是一尊埴輪（一種從日本古墓出土的土偶）一樣，一點都動不了。其他人的溜冰技術好到令人懷疑是不是有先找個地方集訓過一樣，連能夠連續轉圈的人都有。酒井老師也溜得四平八穩，看起來很快樂。女編輯們拉著僵硬的我的手繞了溜冰場好幾圈，非常地開心又覺得好玩。大夥兒歡樂地度過了一段愉快的時間。

運動眞是棒啊！那時我這麼想。心情愉快地運動一下身體，自然就會洋溢起笑容，比起拚命講話，這方式還比較能夠和在一起的人打成一片。頭一次跟酒井老師見面，兩個人就能夠放鬆地一起吃飯，我想也是因爲先去溜冰的關係。

酒井老師就和她書裡給人的感覺一樣，有著隨和、逗人喜愛的味道，讓我馬上就喜歡上她。當我們一群人圍著中華料理的圓桌吃飯時，愛好運動的酒井老師說了「有機會的話我想試試柔道」之類的話。當時應該是聊到身體和身體碰撞的運動應該也不錯這樣的話題。「我懂！那種心情我懂！長大以後除了談戀愛的對象之外就很少有機會可以觸碰別人身體了，而且使出受身（受身乃是柔道中被對手摔倒時用以減少自己受傷的技巧）碰地一聲倒在榻榻米上的感覺也很爽快！」我這麼回答後，酒井老師滿臉笑容地對我說：「很想試試對吧？山本老師，那要不要眞得試試看？」那時我眞的很想抱頭大叫「蛤」！如果我擁有和一般人一樣的運動神經的話就好了！那我就可以跟酒井老師創立一個文藝女子柔道部，一定會很有趣的。

可是我心有餘而力不足。雖然我認爲只要努力就沒有做不到的事，但這對我而言或許是做不到的努力。不是我誇大，這讓我再次想起我自己選擇了不運動的人生。學生時代的體育課是「不想做卻被逼著做」，而長大後則是「雖然想做但選擇不做」。酒井老師似乎是要安慰垂下頭的我而提出了一個替代方案：「不然合唱團怎麼樣？可以唱第九號交響曲之類的？」謝謝妳，酒井老師，雖然我是大音癡，但我會努力的。

在運動神經的問題上，我煩惱了非常地久，關於這點你是怎麼看的呢？是覺得那麼想做的話，努力練習不就好了嗎？還是認爲以別的方式也能夠跟別人變得關係熱絡，所以並不需要那麼苦惱啊！

也許你已經明白了，這跟「想要結婚」、「怎麼樣才能結婚」這些煩惱基本上

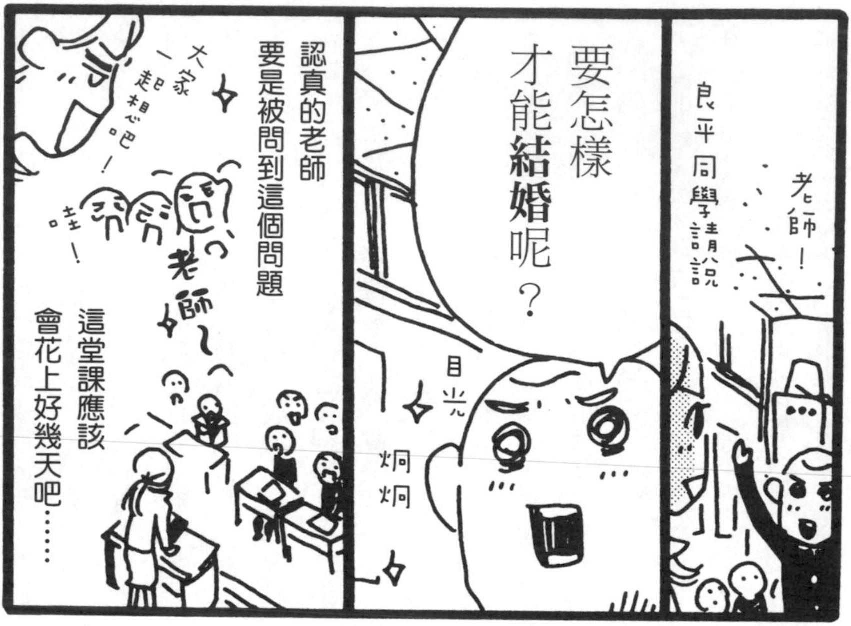
老師！
良平同學請說
要怎樣才能**結婚**呢？
目光
炯炯
認真的老師要是被問到這個問題
大家一起想吧！
老師～
哇！
這堂課應該會花上好幾天吧……

是同樣的。「大家都能夠結婚，眞好」沒由來地羨慕起別人的心情，跟我的「運動萬能的人，人生應該很快樂吧」的心情可以說根本沒什麼不同。

我認爲沒有什麼特別的原因的話，只要努力，結婚機率也會變高。沒有和女性相遇的機會？只要努力，邂逅女性的機會要多少有多少。加入婚姻介紹所、參加相親派對、請朋友介紹、在酒吧裡搭訕等等。如果不好意思做這種投直球的行爲，那麼就朝結交更多興趣相投的夥伴這方向來認識更多的人如何？喜歡美食的話可以去上料理課，喜歡喝酒的話可以來趟全國釀酒廠之旅，把過程弄成網誌。

就算做不到上述那樣的程度，只要再開拓一些還沒去過、女性也常去的酒吧不就能夠建立起新的人際關係嗎？

所以就讓我換成類似「雖然同樣是老師，但把數學問題拿去問了美術美師」的情況
糟了～
問錯人了
嗯？有什麼問題？
啦嚕
啦嚕嚕
「要怎樣才能**結婚**」是吧？
嗯哼
嗯哼
不是這樣用的
嗯～
用顏色來比喻的話，「**結婚**」是哪種**顏色**呢？
黃色？
粉紅？
老師！不知道的話就**請說**不知道好嗎？
不要亂比喻
會愈繞愈遠

能不能結婚這件事和工作好不好、會不會打扮、擅不擅長和女性聊天這些事完全無關。也是有找不到缺點但沒想到還是結不了婚的人。工作七零八落、怎麼看都不像是會受歡迎、似乎也沒在做什麼努力卻還是結了婚的男性大有人在啊！

把結了婚的人當成只是擁有不錯的「結婚神經」如何？就像是運動神經原本就不錯的人，不需要多麼努力也能夠享受各種運動，而即使運動神經只是普通而已，至少跳箱之類還是跳得過的。

我想，只要花心思、多努力、不放棄，結婚是辦到得的。如果你做不到的話，代表的是結婚對你的人生而言並不是那麼必要。不過是因爲你有點羨慕別人罷了，不過是因爲結婚的人很多，而自己結不了婚而感到稍微不安罷了。要是這樣的話不如就乾脆一點

放棄如何？

有許多事都是只要努力就能做到的，從小事情到大事情，從無趣的事情到高深的事情。我們天生就只有一副軀體，一天只有二十四小時，而人生不曉得有沒有一百年，這位煩惱中的讀者現在四十五歲，人生才過了一半，但另一半人生的最後十五年可是徹徹底底被稱爲老年人的年紀，還能有充沛精力、體力的時間不是比我們以爲的愈來愈有限了嗎？

只要在一件事情上努力付出相當的時間，就有很大的可能將做不到的事變成做得到的事。雖然克服自己不擅長的事也算是人生的課題，但並不是說因爲有很多人都這麼做了，所以全部的人也都必須跟著這麼做。將時間用在把擅長的事變得更加擅長上面不是會更有趣、更有效率嗎？

你到了現在的年紀卻還沒有被逼到走投無路，我想一定是因爲你心裡的某處認爲結婚對你的人生而言並不是一個重要的課題，所以你才會「隱隱覺得不結婚好了」不是嗎？由我這位連跳箱都沒打算跳過、這麼沒魄力的人如此一口斷言，可能也無法讓你覺得釋然吧。

那之後的十幾年，想法變了
但是想結婚
「也不一定要跟交往的人結婚」
怎樣才能結婚？
常常被別人說
妳結過一次婚了，這樣不就好了？
唉！
一定會有
明明離過一次婚，不要說得我們好像是一樣的好嗎？
沒這麼說吧……
難道有一條界線存在嗎？
啊—啊！
但我也會認為自己跟結過二次、三次婚的人不同
所以對於正處於婚姻狀態的人的煩惱，我完全不了解……
其實，我們現在沒有性愛……
都結婚了還不好嗎？
別用高高在上的姿態講啦
那時還會想一些令人搞不懂的事，真的是很抱歉

最近看到的繞圈圈……
最近覺得「○○真好」是不是在「繞圈圈」呢
結婚真好
有小孩真好
有兩個小孩真好
有自己的時間真好
不管在哪個位置都是在繞圈圈
不要只看著這邊
嗯？
真好
偶爾也要回頭看一下這邊好嗎？
真好
而…
「為什麼我能夠在三十八歲結婚呢」，身邊的人認為我們這算是「南方之星式」（南方之星為日本知名樂團，主唱桑田佳祐與同為團內成員的原由子結婚）的結婚，所以我才還有機會……
男方沒有去找年輕漂亮的小姐，而是願意接受身旁的娘們兒……
切
謝謝你
老公結婚獲得了很不錯的評價……
老師，我聽得不是很懂
是問美術老師這問題的你不好！
理佐～
振作一點……

第13話

喜歡上了不喜歡喝酒的人

一直以來，我交往的對象都是所謂的帥哥，而最近開始在一起的男友則是能給我安全感的穩重型男性。雖然我也想過要跟他結婚，但他幾乎不喝酒這點讓我卻步。我吃飯時喜歡配些下酒菜，喝點小酒慢慢吃，但是他則是定食派，而且很快地吃完後就躺下來休息。我第一次遇到能讓我覺得放鬆的對象，所以我並不想和他分手，總是在想喝酒這件事有沒有什麼兩全其美的辦法？如果改變不了的話，就算結婚也維持不下去吧？

（三十四歲　朋子　未婚）

從四年前的某一天，突然之間我就無法再喝酒了。那是四十二歲那年春天發生的事。在那之前，我總之就是喜歡喝酒，而且還是喝很多的那一種人。不管是跟熟稔的人還是初次見面的人，我都喜歡一邊吃著美味的下酒菜，一邊沒完沒了地聊些有的沒的。不管是開心的事或是傷心的事都在喝酒。也曾經一個人跑到常去的店喝酒，現在想起來，那時的酒精依賴度眞是相當高。

但曾經那麼喜歡喝酒的我現在則是完全不喝了。並不是我自己想要戒掉，也不是醫生要我不要喝。那是某一天，我感到肚子劇痛而到醫院做了檢查，病因是膽囊（位在肝臟下方的某個小臟器）裡有堆積如山的膽結石而腫脹起來，因爲狀況嚴重，不得不進行將整個膽囊給摘除的緊急手術。手術結束後又在醫院住了約一個星期才出院回家，而我的身體就變得無法再接受任何酒精了。膽囊摘除手術本身並不罕見，絕大部分也不會造成生活上的不便。有很多的人在摘除掉膽囊後仍然和以往一樣能夠喝酒。反而是飲用奶製品有可能會導致拉肚子。不過我身上沒出現那樣的狀況，就突然之間無法再喝酒了。

對於這件事，我嚇了一大跳。怎麼說我以前算是海量級的，而現在只要喝一點點，身體就會覺得很難受。明明酒本身是好喝的，但只要喝一點點，身體就會變得不舒服。這讓我感到無比的震驚。

王子和我最初會情投意合就是拜酒之賜，那時如果講說要到我家吃飯，理所當然是指「酒和下酒菜」，但現在我卻離隊了。就算去酒吧也不能喝酒，去酒吧卻不能喝酒，很諷刺吧！

不過這也讓我重新意識到，酒是我至今

人生中用來跟別人維持交流的重要要素。過去當我想要跟誰見面時，想要跟那個人聊久一點時，我都會邀對方「一起去喝個酒吧」，但這件事突然間就做不到了。我都不能喝酒了，還說「一起去喝個酒吧」不是很怪嗎？也因爲這樣，我改成了「一起去吃頓飯吧」，但這麼一來是不是就帶著一種眞的得要吃頓正餐才行的意思。但嚴格來說，我眞正想傳達的是我們就一邊吃著下酒菜一邊沒完沒了地聊吧。可是沒有酒，光是不斷吃著下酒菜，這樣有點搞笑吧？

不過經過了四年不能喝酒的歲月後，我也已經感覺不太到那樣的困惑了，習慣眞的是很強大的東西，但更令人害怕。當王子以酒和下酒菜吃著一頓很長時間的晚餐時，我就會想：「爲什麼吃個晚餐要花二、三個小時？是打算喝到什麼時候啊？」

最近我家的晚餐畫面感覺就像以下這樣。當兩個人是在外面吃晚餐時，比方說是到居酒屋，我會配著烏龍茶吃一點下酒菜，在王子喝到接近第三杯酒，我會點茶泡飯或烤飯糰之類的碳水化合物來吃，在他點第四杯酒時，我會拿個輕點心來吃。在他喝到第五杯酒左右，我會要一杯溫茶啜飲著，並且給他施加壓力「差不多該回家嘍」。

而當我們是在家裡吃晚餐時，王子會一邊做些菜一邊喝起酒來（他似乎很喜歡一邊喝酒一邊做菜），我則是坐在附近說話、看看漫畫、吃一點他剛做出來的菜，同樣當他喝到第四、五杯酒左右，我就會到廚房收拾餐具，然後把醉得很開心的老公留在客廳後跑去洗澡。等我洗完澡出來時，王子通常已經睡得像死人一樣。

依據王子的說法，最近我對他喝酒的量

管得有點太過嚴苛了。的確好像是這樣子。以前我也有在喝的時候，是絕不可能會對別人說什麼「你喝太多了唷」之類的話。雖然王子好像不怎麼高興被我監視著喝酒的量，但隨著我不再能夠喝酒，最近他喝酒的量明顯地減少了，就結果而言，我想這是件好事。因爲要是喝過頭，到時膽囊被摘除可就不能再碰酒了。

四年前突然無法再喝酒時，我非常地擔心往後還能不能維持良好的人際關係。事後有一部分的擔心被我猜中了，我不再去以前常去的店，跟幾位「酒友」變得疏遠了。只有喝酒的聚會也變得無法參加，感覺原本就窄小的交友圈變得更窄小了。取而代之的是本來保持著距離（正確來說是別人跟我保持距離）的一些不太會喝酒的朋友變得比以前更親密了。我不再能喝醉這件事，顯然讓這些人鬆了一口氣的樣子。

愛喝酒的人往往是跟同樣愛喝酒的人聚集在一起，不喝酒的人則是跟同樣不喝酒的人聚集在一起，這應該是不爭的事實吧。

譬如說，工作上的宴會結束後有人提議找個地方再聊一下，如果分成喝酒組和喝茶組，以前的我絕對是不假思索地前往酒吧。

我現在
都喝這個
不敢相信……

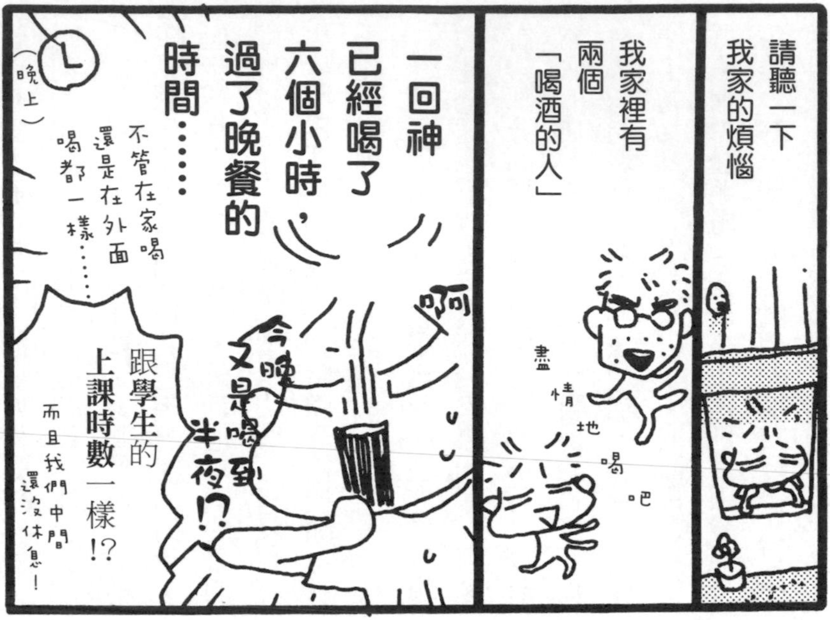
請聽一下
我家的煩惱
我家裡有
兩個
「喝酒的人」
盡情地喝吧
一回神
已經喝了
六個小時，
過了晚餐的
時間……
（晚上）
不管在家喝
還是在外面
喝都一樣……
啊
今晚
又是喝到
半夜!?
跟學生的
上課時數一樣!?
而且我們中間
還沒休息！

而現在的我則會參加喝茶組，平心靜氣地吃些甜食之類的吧。老實說，以前的我會覺得不喝到醉茫茫的人是無趣的人，但現在的我反而搞不懂那些每次聚會喝酒都要喝到醉的人了。

我想酒量好的人跟酒量差的人就像這樣有著彼此格格不入的地方。那麼雙方難道當不了好朋友嗎？必然會產生摩擦嗎？

對了，前些日子我第一次跟伊藤單獨兩個人一起去吃飯。現在想想，當初應該選一家能夠自在一點的店才對。那時興致勃勃地預約了一間位在奢華大廈內的法國料理餐廳，沒想到起初的一個小時左右只有我們兩位客人，理佐還化妝打扮（非常可愛），兩個人就像是剛開始交往的男女在約會一樣，讓人心情非常地緊張。因爲一直覺得難爲情，形成了必須要喝酒才有辦法融入現狀的

有兩個「喝酒的人」，
感覺不是
乘以二而是乘以平方……
嘎ー
嘎ー
嘎ー
這樣哪能
同居……
我們一星期
有一半是分居
嘩啦ー
先崩潰的人
是老公
聽得到
啪
偶爾
對我說
「吃完飯
就給我
回去」嘛
這樣我就能
「回家小酌一下
就上床睡覺」
我不想
再隔天起床
已經是中午了啦

氣氛，結果伊藤喝了非常多，我也喝了好幾杯酒精濃度很低的雞尾酒。

誠如各位所知，伊藤理佐是位酒量很好的人。在我以前還很能喝的時候，兩個人曾有好幾次因爲工作上的關係一起喝過頭的經驗。不過伊藤自己一個人時好像不喝酒，與其說是愛喝酒，應該說是喜歡開開心心地喝酒吧。

本來那一天我是想要吃完飯後就直接回家。會這麼打算是因爲伊藤是位一個月要面對好幾個截稿期限的暢銷漫畫家，差不多永遠都是處於被追稿的情況，所以我不好意思要她陪我太久。但儘管氣氛很難爲情，我們還是吃得開心，看著伊藤開了一瓶又一瓶的紅酒，我的情緒也變得非常高漲，後來我們走出了那間過度奢華又不時髦的餐廳時還是不想就這麼分手。雖然我們決定不然就再找

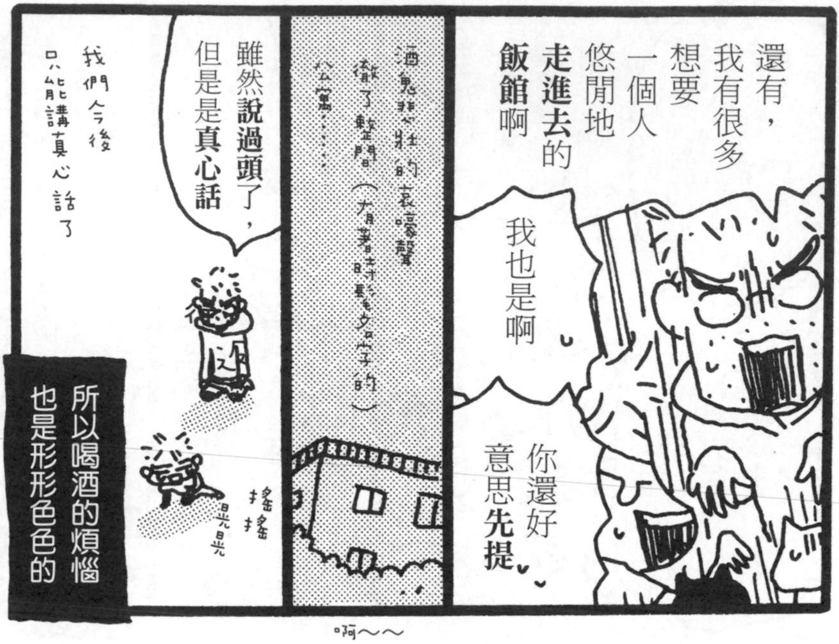

一家店坐坐，但那時沒有老是幫我們安排得好好的編輯在，決定不了該去哪家店才好，一直在表參道的小巷子裡徘徊。後來是打給王子（王子那時正在小酒館裡唱卡拉ＯＫ）問到了一間酒吧，我們在那間酒吧裡也聊得非常地開心，低酒精度的雞尾酒在不知不覺間也被我喝掉了好幾杯。回到家後睏到快要倒下來。隔天是自從摘除掉膽囊後第一次出現宿醉反應。那個晚上讓我想起了喝酒的樂趣。

從這件事來看，也就是說我想要的，其實是跟我喜愛的人沒完沒了地聊天、長時間地待在一塊兒。而酒則是達成能夠長時間跟某人待在一塊兒這個目的的有效手段，所以那時我才會喝酒。等到跟伊藤見面時不再會感到難為情時，我想我大概光靠烏龍茶就能跟伊藤混到天亮。不，到時光靠烏龍茶可能

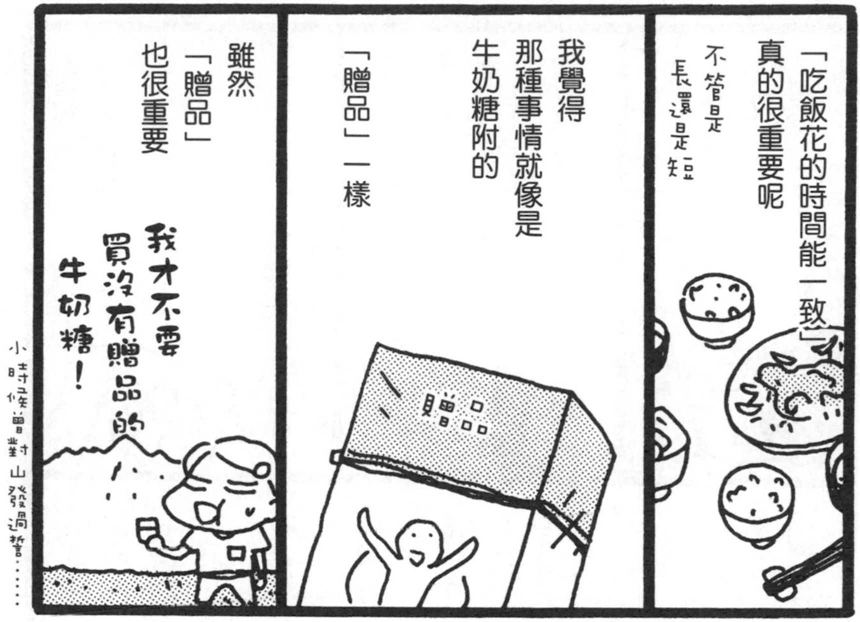
「吃飯花的時間能一致」真的很重要呢
不管是長還是短
我覺得那種事情就像是牛奶糖附的「贈品」一樣
贈品
雖然「贈品」也很重要
我才不要買沒有贈品的牛奶糖！
小時候曾對山發過誓……

連一起去旅行都沒問題。理佐，下次試試看外宿吧。

關於這位求詢讀者的煩惱，我認爲妳煩惱的本質並不是在酒本身。如果妳眞正的煩惱是「我晚上想要跟你悠閒地聊個天嘛」，那就如實地跟他說吧，我想他一定能夠明白。如果妳眞正的煩惱是「無論如何晚上就是想要喝酒啦」，那麼跟酒量小的人一起生活，可就得先做好在酒量方面會被發一些牢騷的心理準備才行。

但我認為「只有贈品」是不行的
贈品
曾經有新聞說有小孩子將聖×大戰巧克力的巧克力丟掉，只收集貼紙。
怎麼可以不吃巧克力！
「贈品」如果不「當做贈品」，
而且牛奶糖跟巧克力也是很好吃的不是嗎？
就不好玩了
我至今因為太重視「贈品」，不曉得已經有過多少失敗了！
嗯
有只賣「贈品」的男人喔
理佐吐苦水時間
吐完了嗎？
完……吐完了
啊－哈
能夠讓人覺得「能夠放輕鬆」、「能夠安心」的部分才是「主體」
牛奶糖！牛奶糖！
巧克力！巧克力！

這「贈品」真棒啊
吃喝好幾個小時都沒問題
這種幸福
我們同樣無法知道將會怎麼演變
六個小時了！
睡眠不足！
對了，前幾天終於跟文緒兩個人單獨去吃飯
喝酒的人
不喝酒的人
但「吃飯花的時間」竟然是一樣的
我們兩個人果然是很合得來的？
嗯哼
第二間酒吧
沙沙
幹嘛？
我把想問的東西寫在筆記本裡了
要是沒話講的話不是會很難受嗎？
嗯哼
老闆，再給我一杯強一點的……
幸好沒發生這種事。下次再確認看看～

第14話

沒去過老婆的娘家正常嗎？

我的結婚對象是公司的前同事，兩個人都是在東京土生土長。可是結婚至今已經過了兩年，我從未踏進老婆的娘家一步。老婆總是說「因為我娘家很小」、「因為我娘家很髒」、「因為我媽不會做菜」，但我覺得這些事也都要接受才稱得上是一家人啊！確實我的老家生活富裕，住的是港區的獨戶住宅，而老婆的老家則在東京都內的公寓社區裡。但我就是不在乎這些才結婚的，現在這樣好像是不被信任的樣子，心裡頗不是滋味。雖然跟岳父岳母偶爾還是會在外面或家裡見面，但這情況絕對不正常是吧？

（三十八歲　康夫　結婚兩年）

我的娘家不太會招待客人。小時候我和老哥的朋友到家裡來玩倒還不構成問題，但來我們家的客人中，很少有大人。親戚要聚會時一直都是到別人家，我們家從未迎接過人數眾多的客人。雖然也曾經很罕見地有父親的同事（絕對是一個人，不會是多人）在我們家過夜，但可以感覺得到屋子裡的空氣因此變得很沉重。

這樣的狀況至今還是沒有改變。雖然不是每年都會發生，但新年回老家時，如果老哥夫婦和我跟王子碰巧齊聚一堂，客廳的沙發就沒辦法讓所有人都坐得下，餐具和玻璃杯感覺也不太夠。對於不擅長做菜的媽媽來說，要做出六人份的食物已經超出她的能力範圍，所以除了燉煮料理以外，大部分都是買現成或外送的料理湊合著。

順便說一下，我的老家是普通的兩層樓住宅，並沒有狹小到一旦有客人來就會傷腦筋。雖然舊，但因爲勤於打掃的關係所以並沒有那麼雜亂。不過客廳卻不是以有客人來時，能讓客人覺得舒適自在爲前提而整頓著。

也因此，當我決定再婚、王子第一次要跟我的雙親見面時，我們就像是「理所當然」地選擇在外面吃飯。因爲老家是在橫濱，所以就去了中華街用餐。那時對於這件事我也沒有什麼特別的感覺。

然而呢，接著換我要跟王子住在大阪的媽媽見面時，他們「理所當然」地邀我到他們家去。因爲需要過夜，所以我訂了飯店，結果王子的媽媽覺得不可思議地問我：「住家裡就好啦，爲什麼要訂飯店？」那時在大阪的老家還聚集了王子兩位妹妹的家人（包含兩個小孩，全部共有九人），非常熱鬧。

媽媽爲我做了很多料理，我不斷地被勸菜。我覺得非常感激，吃到肚子快撐破了。我還記得因爲太感謝大阪人開敞的心胸而哭著說：「我要當這個家的小孩……」因爲合得來而結婚的我和王子，養育出我們兩個人的家庭竟然會這麼地不同。

晚上留宿在大阪的媽媽家裡的時候，居然是九個人全部睡在家裡，這讓我稍微吃驚了一下。

王子的老家是一間平房，以大小來說比我家小，就在我還在想著「這裡可以睡上九個人嗎」的時候，床被一件一件地出現，鋪好在收起桌子的兩間和室裡。在媽媽「洗澡水滾了，依序去洗澡」的號令下，大家好像早就習慣該怎麼做的樣子，只拿著內衣就進了浴室。輪到我時，我怯生生地走進了脫衣間，一眼就看到裡面放著洗好並乾透的浴巾，而且像座小山般多到會讓人嚇一跳。這堆數目不尋常的浴巾的顏色和花紋都不一樣，雖然不是新的但都很乾淨。那數目就算拿來應付一所國中的棒球隊和足球隊同時來這集訓也沒問題。這可以說是那一趟裡面我覺得最精彩的景象。大家一起擠在通鋪裡睡覺，耳邊聽得到每個人睡著時的呼吸聲或打鼾聲，我在被窩裡領略到了幸福，「原來這就是習慣留人過夜的家啊！」

不過呢，我並不是說因爲這樣所以相較於王子的媽媽，我爸媽展現的愛就不夠。如果我突然問我爸媽：「我和王子可以過去嗎？」他們也是會回答：「來吧。」如果問他們：「可以留在那過夜嗎？」他們也是很開心地回答：「可以啊！」不論是床被、睡衣還是牙刷，馬上都會準備好。他們只是不會主動提說要我們留下來住，但我們若是想要住下來的話，他們是不會拒絕的。所以他們並不是不親切。從好的方面來說，爸媽這樣子做是一種禮貌，這樣才不會冒然干涉到別人。從壞的方面來說，會讓人難以靠近，感覺有點排他。

對了，其實王子的媽媽不喜歡在外面吃飯。王子跟我偶爾會爲了讓媽媽高興而找媽媽到外面吃飯，媽媽雖然會表現得讓我們覺得她很開心，但我總覺得她好像不怎麼自在的樣子。而我的媽媽在外面時喜歡吃些跟平時不一樣的食物，所以每次在外面吃飯時都充滿著活力（所以她也喜歡旅行）。王子的媽媽和我的媽媽兩個人有著強烈的對比，兩個人覺得棘手的東西都不一樣。也因爲這樣，有兩種「理所當然」各自存在於我們夫妻倆的老家。

而朋友的家也是有待起來自在跟不自在的。我一直都認爲一個家待起來自不自在，跟房子的大小或雜亂的程度沒有關係。

就我個人來說，整理得太整齊的家會讓我坐立不安。之前拜訪過一戶人家，家裡的

就算來了棒球隊跟足球隊也沒問題！
真誇張

呃……
我可以吐苦水嗎？
那問題說的是
對**自己的家**
沒有自卑感的人
的想法吧
噁
嘩
啦啦
會這麼說是因為
發抖

裝潢就像樣品屋一樣完美，借洗手間時看到裡面放著許多折得整整齊齊的小毛巾，一個人有一條可以使用，就像是高級的餐廳或飯店一樣。當然也有人會覺得這樣很棒，但對我而言總有種說不出的感覺。那戶人家的家裡有一隻大狗，但地上找不到一根狗毛。如果那戶人家的人來到了我家，我想他們絕對不會坐在我那一張散布著貓毛的沙發上。

雖然我這麼說，但要是我被邀到一間太零亂的房間，事實上也還是會「哇啊」地發出驚慌的叫聲。之前受邀到某位學者的家中時，客廳地板的正中央就倒著一堆書，雖說本人似乎不太在意，但我還是覺得坐立不安，早早就告辭離開。

但不管要不要收拾，只要那個家的人覺得客人來訪這件事「不是什麼問題」的話，就不構成問題了吧。

我小時候
有強烈的
「家的自卑感」
縮
家裡又破又舊。老實講，那時
我覺得「我家讓我很丟臉」……
我家是
「爺爺在年輕時
自己蓋的家」
並不是「爺爺出錢
請木匠蓋的家」
「開服裝店的
爺爺真的自己
蓋起來的家」……
嘿咻～
附近木頭的
家族間
有以上的
說法……
據說的……

到現在我有時還是會覺得不太會招待客人的老家很讓人感到難爲情。對於明明都是大人了卻還是拙於待人接物的爸媽，我有時也會有恨鐵不成鋼的感覺。雖然這樣子的老家讓我感到難爲情，不過我心裡面也還是會想要繼續守護這個爸媽長年打造出來的生活。

表面上看起來，母親是因爲不擅長做菜所以不邀請客人來家裡，但事實上並非如此。我媽媽本來是非常喜歡交際的人，有很多的朋友。比方說她的朋友中連美國人都有，在美軍基地的感謝季或聖誕節時還會被邀請至他們在美軍基地中的家裡作客。而媽媽沒有回邀他們到家裡的原因並不是因爲做菜不拿手，是因爲家裡客廳的主人是粗魯的爸爸。要生於昭和初期、一直執著於工作的爸爸接待美國人？要讓爸爸對沒見過面的美

某一天的國語課
用句子或單詞形容一下家人下樓梯的聲音
有過這麼一個題目
老師！
家裡沒樓梯的話怎麼辦？
哇哈哈
哄堂大笑
顫抖
顫抖
顫抖
光是不是兩層樓房屋就被笑了……

國人產生興趣？媽媽的不滿我也能了解，但我並不覺得爸爸有什麼錯。我想要守護爸爸所打造出來的有父親味道的家庭舒適感。我希望極力避免家中充滿著爲難。媽媽一定也是這麼想的。

就像這樣，每個家庭都會有那個家獨特的「想守護的東西」。一種外人看來會覺得奇怪，但在那個家庭中卻還是難以動搖、牢不可破的東西。

這位正在煩惱中的讀者已經結婚兩年了，但卻還未踏進過老婆的娘家一步。若照一般的情形來說，也許這確實是件奇怪的事。老婆說「因爲我娘家很小」、「因爲我娘家很髒」、「因爲我媽不會做菜」，我想她必定也不是在說謊吧。但理由眞的只是這樣嗎？是不是有什麼她想要守護的東西呢？

老婆不願意打開心房讓你覺得傷腦筋

嗎？老婆的娘家不願意對你親近一點會讓這位老公實際受到什麼樣的損失呢？如果都沒有的話，僅僅兩年的時間就希望老婆的父母打開心房也太過心急了。所謂的信賴關係並不是說一句「好！信賴關係啓動」就能夠開始的。人跟人之間要能打破隔閡需要許多小事情的累積。

我覺得這位讀者是因爲被拒絕而感到悲憤。但憤怒的情感並無法融化頑固的人的想法。是的，就像太陽和北風一樣。爲什麼她不願意讓你去娘家呢？請你好好地想想這件事的本質。也許對於老婆所成長的家的人而言，你就像是在另一個陌生土壤上長大的美國人也說不定。

好想要大雄的家
更想要住在社區公寓
這樣大家就都一樣了
啜泣
真好
來我家玩吧
那時我覺得同學的天真無邪很討厭……
反正妳一定有自己的房間吧!?
而且是在二樓!!
?
不過現在回想起來真的是美好的回憶
真可憐吶……
現在老家已經重建成一般的兩層樓房屋…
身陷在不知何時才可以脫離的「家的自卑感」漩渦中時，
咚
咚
我不是你們的家人嗎？
我不會在乎那些的
雖然我家生活富裕，住的是港區的獨戶住宅
不信任我嗎？
咚
咚
咚
咚
咚
咚
唉……
也不是不能讓你進來……

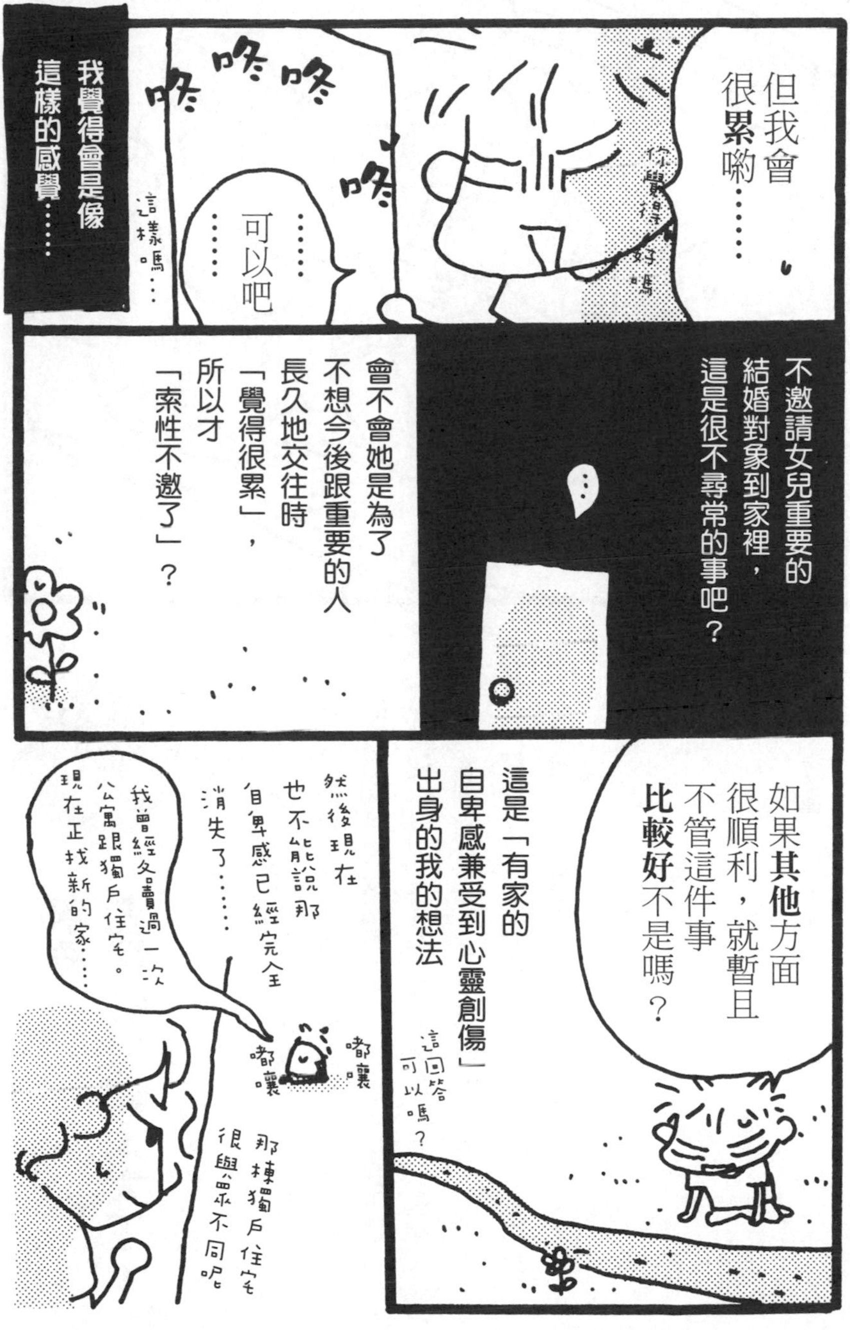

但我會很累喲……
你覺得好嗎
咚咚咚咚
……可以吧……
這樣嗎……
我覺得會是像這樣的感覺……
不邀請女兒重要的結婚對象到家裡，這是很不尋常的事吧？
會不會她是為了不想今後跟重要的人長久地交往時「覺得很累」，所以才「索性不邀了」？
如果其他方面很順利，就暫且不管這件事比較好不是嗎？
這是「有家的自卑感兼受到心靈創傷」出身的我的想法
這回答可以嗎？
然後現在也不能說那自卑感已經完全消失了……
嘟囔嘟囔
我曾經各賣過一次公寓跟獨戶住宅。現在正找新的家……
那棟獨戶住宅很與眾不同呢

第15話

求救！老婆的力氣太大了！！

我結婚十三年，有一個小孩，對老婆有不滿時通常都會假裝沒看到。但最近叫老婆我起床的腕力大到讓我吃不消了。我賴床是我不對，但她使出半招金臂勾坐到我的肚子上，還會往我的要害踹下去，前幾天我甚至從床下跌下來，好一會兒無法動彈。再這樣下去，我很擔心哪天會真的受傷。

（四十八歲　克也　結婚十三年）

在電視上看到Down Town（日本知名的搞笑雙人組，由濱田雅功與松本人志組成）的濱田啪地往松本和其他搞笑藝人頭上打下去時，會不會也覺得很爽快？

我非常喜歡搞笑節目，所以常常看。但並不是只要有我喜歡的搞笑藝人的表演我就會看，如果是摻雜著不同類型藝人的綜藝節目我就不怎麼喜歡。因爲在這種節目裡，負責吐槽的人並不會大膽地往負責裝傻的人頭上打下去（一個人負責裝傻，另一個人負責吐槽，由負責吐槽的人以道具教訓裝傻的人是日本常見的搞笑手法）。不過只有搞笑藝人表演的節目，負責吐槽的人就會拿著拖鞋或大紙扇啪地往負責裝傻的人頭上招呼過去，看到這個畫面讓人的心情舒暢多了。當然他們並不是毫不留情地打下去就好，還需要掌握強弱緩急及絕妙的時機，要是沒掌握好，看的人就笑不出來了。如果表演是還會緊張的年輕搞笑藝人，吐槽時會使勁地打下去，看的人在笑出來之前反而會先覺得「好痛」！看M-1大賽（由日本知名主持人島田紳助發起的搞笑比賽，已終止舉辦）時我特別這麼覺得。

突然就講起搞笑節目的事，覺得很難懂嗎？那麼我換成動物和小孩子，看看會不會比較好懂？

之前我也寫過我養的貓小咲是隻有點粗暴的貓。如果牠是獅子的話，我早就死了，而這就是牠咬人的程度。但小咲並不是因爲恨我才咬我的，反而可以說我是小咲這世界上最喜歡的人。小咲只是想要玩耍而已，只要時間允許，我就會陪牠玩耍。每次在房間裡追逐或是緊抓著牠搔弄牠的頭時，牠就會非常地開心。但如果玩過了頭，牠就會因爲興奮，忘了拿捏力道而非常用力地咬住我不放。等我發出「很痛吶」的慘叫聲，不自覺地開始大聲罵牠，這時搞不懂爲什麼被罵的小咲就會發出低沉的威嚇聲，快樂的玩耍時間就在這險惡的景象中結束。若以過程來看，我想小孩子之間的吵架也是這樣子發生的吧？

　活潑的小孩子在跟爸爸玩時都會活蹦亂跳的，而爸爸的力氣大部分會比媽媽大，小孩子都會有種就算毫不客氣地撞爸爸也不會有事的安心感。在旁邊看的人也會覺得這樣的場景很溫馨，「這只是在和爸爸鬧著玩而已」。如果小孩子玩在興頭上時讓爸爸的要害吃了一記踢擊引起哄堂大笑後就結束整場嬉鬧的話，這樣說不定是還不錯的發展。電視裡濱田的攻擊會讓人覺得好笑是因爲濱田是位大人了，儘管看起來再怎麼粗暴也還是踩在「玩笑的界限」上面。然而小孩子是不懂這個的。

　這位煩惱中的讀者的太太是最近才開始有暴力行爲嗎？如果之前沒有，我想有可能她是像小孩子一樣在跟你嬉鬧，有沒有這種可能呢？

　雖然我不曉得你們的小孩幾歲，但結婚十三年就代表你在這個家庭裡的位置應該完完全全已經是「爸爸」了。長年以來，在大家叫你爸爸的日子裡，或許太太在不知不覺中忘掉了自己已經是個有點腕力的大人，認眞起來的話可不是在開玩笑的這件事。不曉得我有沒有過度臆測呢？

　我自己在長大後，就算是玩鬧也沒有打過人。如果有什麼特別令人生氣的事時，我的做法是一直靜靜地保持沉默不語。只是保持沉默倒還能理解，但對方察覺到我正在生氣時，我還會因爲不高興而堆起笑臉，自已都搞不清楚爲什麼會這樣。

我覺得伊藤同樣也是不會粗魯地對待任何人的人。通常跟伊藤見面時都是在餐廳或酒吧，所以我從沒看過動作敏捷的伊藤。但聽說她在滑雪和溜冰上好像非常拿手的樣子，所以會不會她其實是位活力旺盛的人？不過伊藤和暴力兩個字是連結不起來的。但是她會以柔軟的語調講些毒辣的話，而且從她漫畫的內容來看，能確定伊藤不會是只有溫柔性格的人。我能想像她的家庭就算是吵架也一定會是打心理戰。不過會揪在一起打架的夫妻也是極少見就是了。

如果要說小時候，我倒是有對男生施以暴力的記憶。在我小學的時候，摔角運動非常地火紅。當時有一位叫毀滅者的摔角手非常受歡迎，連綜藝節目裡都能看到他。我們

如果小咲是隻獅子的話
鬃毛
提了又提、提了又提
我早就死了
嗚

會記下他常用的摔角技巧到班上玩摔角。

我小時候的體格還不錯（小學五年級時，大部分的男生都比我矮），記得我還曾經將男孩打倒後使出四字固定而興高采烈。順帶一提，班上會跟男生一起玩摔角、打棒球跟後山探險的女生，包含我在內只有三個。男生們都叫我們「男人婆」，看來他們很怕我們。但現在想想，雖然他們還是小學生，但已經念在我們的性別而相當手下留情了。回想起這些快樂的回憶，應該是男生們那時非常替我們著想的關係吧。讓人有點不好意思呢。

小學生都會這樣子了，所以照理來說男性們當然也會對女性手下留情。男孩子在成長的過程裡，家庭跟社會都教導他們要保護弱小的女孩，從小就學到使用暴力強迫比自己弱小的人屈服是身爲人最低劣的行爲。

哦
磅
磅
呀
有個小我三歲的男孩，他會埋伏起來，只對我使出暴力
夠了喔
嘿嘿嘿嘿
幹嘛!?
他的暴力行為愈來愈誇張，直到有一天……
磅
嗚

我家的王子也是什麼事都會對我手下留情。所以老實說我也不小心就變得傲慢起來了。因爲有時候他會待我像是他的妹妹或女兒，所以有時我也會有把王子當成哥哥或爸爸的錯覺。雖然有時這樣也不錯，但當被王子交代這個吩咐那個時，我就會粗魯地回嘴「有夠囉嗦」。王子的媽媽和妹妹曾說過「那個人從以前就很囉嗦的」，確實他有著太愛管閒事、囉嗦東囉嗦西的傾向。

這位正在煩惱的讀者早上似乎爬不起來，我也是會賴床的人，所以我很了解這種痛苦。有一段時期，我早上怎麼都爬不起來，害得王子有時情緒會變得非常焦躁，而這時期也是他最囉嗦的時候。不過最近這兩年來我起不了床的病已經好了，能夠順利早起之後，王子的怨言也不知不覺變少了。由於王子較晚回家，所以平常我們只有早餐才

…
因為太痛了，我氣到無視他的存在……
為了進行第二次攻擊而衝過來的男孩那時的眼神
大概就跟你老婆的眼神一樣。

能夠一起吃。睡眠時間很短、極端早起的王子會在做好兩人份的早餐後叫我起床，而並沒有工作到很晚的我卻怎麼樣都不起床，這應該會讓人火大吧！我那時是不是沒把能夠和王子悠閒地聊天的時間當成一回事呢？

因此，請這位煩惱中的讀者早上努力地起床吧。我能了解你因爲工作等原因而疲累不堪的辛苦，但請盡量早點回家，回家後不要看電視或上網，早點上床休息以確保足夠的睡眠時間，早上就在被老婆推下床之前起來吧。

如果都能夠靠自己起床了，卻還是會遭到金臂勾的攻擊，那麼太太或許是因爲其他的事在生氣也說不定。

或許太太只是因爲太喜歡你而在跟你玩鬧，就像貓咪和小孩子一樣。下手沒有輕一點，或許是因爲她當時是以跟濱田吐槽松本

這小子喜歡我
因為被我忽視而生氣
哇
听
「想要觸碰我」，才使用暴力
對討厭的人根本不會想碰
當時我還不可能了解這種感情，沒有發展成戀情
怎麼逃都是山
……就像那樣

時差不多的感覺行動吧。不管怎樣，我覺得能夠表現出感情是一件好事。這比起綳著臉一句話都不說、不理睬你好多了不是嗎？

你擔心會受傷，這也能夠理解，不過我認爲當她不願意再叫你起床時，這時家庭的平靜才更叫人擔心。

我認為你的老婆
現在就像這個
「小男孩」
蛤
咕嘟咕嘟
「喜歡」
「想要觸碰」
「生氣」
把這三種混合
起來後……
咦？
直接指向
轟隆
哇
乒
「你們
有做愛嗎？」
理……理佐
應該是說
你有碰
你老婆嗎？
理佐！
咳咳
妳不要
再說了
匡啷匡啷
休息一下
因為是名人，
所以名字
跟長相不公開
為什麼
你們夫妻的
感情那麼好？
針對這個含混籠統的問題
這個呀

不管我多忙
進來一下
都會叫他進來房間
嗯？
老公
一天一次
小弟弟
好了！沒事了！
喂
一天摸一次小弟弟
噗哈
回答的非常切中！
我也覺得這招非常棒……
好
進來一下
仿效
寢室
嘿
嗯？
怎麼了？幹嘛？
嗯？
呃這個沒事
咕
這要有本事才行！
非常難！
就算對「小弟弟」做不到，碰一下肩膀或是拉一下手應該沒問題吧？
喲
碰
做很多小觸碰
我的目標也是「小弟弟」
小弟弟
呀
老婆成了「小學男生」不是很麻煩的事嗎？
絕不可以讓老婆成了「小學男生」……

像小孩子倒是很有自信……
噗叭
嗚噗
我也是……
扯
扯

第16話

想不想生小孩？

從以前老公就習慣把「等我們有了小孩……」掛在嘴邊，但這句話我一直無法說出口。差不多從結婚那時候起，我在工作上開始被委以重任，工作變得愉快得不得了。我每天晚上幾乎都會跟朋友或者老公出去喝酒，意識到時我們已經結婚五年。我心裡覺得自己已經不年輕了，懷孕的機會不大，而且養小孩的話還要改變現在的生活。如果一直有這種想法的話，當然就不會想要懷孕，而且生出來的小孩也會很可憐。前幾天老公對我說「好想要個小孩啊……」讓我心裡忐忑不已。

（三十九歲　萌　結婚五年）

伊藤，恭喜妳懷孕了。眞的是太令人開心了！妳再婚的時候，我也覺得很開心，現在則是更加令人開心。因爲從我們認識開始，伊藤就一直非常明白地說著：「我想結婚，也想要小孩。」能夠美夢成眞眞的是太好了。我想理佐一定能成爲一位「有趣的媽媽」的。

至於我呢，一直到最近幾乎都沒有想要有小孩的念頭。應該是說，我從沒有想像過有小孩子的人生。不過在我小時候曾經很認眞地想過：「長大後我會成爲新娘，生很多小孩，會養很多的狗和貓，過著幸福的生活。」而這個天眞無邪的夢像氣球漏氣般破滅那一天的事，我至今仍清楚記得。

那是去看「諾斯特拉達姆斯（十六世紀的法國預言家）大預言」這部電影那天的事。我不是開玩笑，是眞的。那時是小學六年級的暑假。放暑假和寒假的時候，媽媽常常會帶我去看電影，不過我媽媽並不是會配合小孩子挑選「暑假漫畫影展」之類的電影來觀賞的人，她會選擇她自己想看的電影。所以我這輩子在電影院看的第一部電影是「賓漢」。不但劇情摸不著頭緒，字幕也是一堆我看不懂的漢字，但螢幕上不斷出現充滿魄力的影像卻令我看得目瞪口呆，讓我覺得原來電影這麼好看。就像這樣子在沒有任何行前告知下被帶去觀賞的「諾斯特拉達姆斯大預言」，沒想到竟然會大幅改變我往後的人生。

電影的內容我差不多都忘了。但我唯獨還記得電影裡可怕的場面一幕又一幕不斷地出現，日本列島成了地獄圖卷裡的阿鼻地獄一般。總之就只能以恐怖來形容。恐怖大王說不定眞的會在一九九九年七月降臨毀滅世界的預言讓我臉色發青。

當時，我就在漆黑的電影院裡扳著手指頭計算自己的年紀。世界毀滅時，我會是三十七歲。這代表如果我很早就結婚並生了兩三個小孩，發生海嘯、地震或是食人族的攻擊的話，比起自己的安全，到時必須要優先保護小孩子才行。我看我是沒辦法活下來。好可怕。我不想死。不曉得爲什麼這些想法一直揮之不去，心情陷入一片深深的黑暗裡。我在十二歲時就痛切地感受到「擁有必須保護的事物是多麼沉重的事」。

到底那是一部多可怕的電影呢？上網一查詢，與其說影評很差，不如說這是部愚蠢的電影（但票房非常好）。我想對於我媽媽來說，暑假就是要看B級娛樂驚悚片暢快一下心情吧。小孩子會從電影中的哪段劇情領略出什麼道理，這完全無法估計的呢。一定也有很多的小孩子會從宮崎駿的電影中察覺出極恐怖的東西。

雖然我說是因爲諾斯德拉達姆斯讓我打消了生小孩子的念頭有點誇張，但「小寶寶好可愛！我好想生」這種天眞無邪的想法是眞的沒了。

對擁有小孩產生懼怕感後，即使到我長大，這種感受都未曾消失。小孩子一旦生下來就是一輩子的事喔！這是不能取消的事喔！如果是小貓小狗的話，還會比我們早死，但小孩子的話，就算我們已經老到走路搖搖晃晃，到最後的最後，我們都還是有責任在的喔！我曾經這樣子向朋友大力主張，結果卻惹朋友討厭。

長大後開始從事現在這個工作後，我也和這位正在煩惱的讀者一樣，不想離開現在這種開心的生活的想法變得愈來愈強烈。尤其是第一次結婚和第二次結婚中間那單身八年的空檔，努力工作有了代價，也交了許多可以把酒言歡的朋友，一個人生活得自由自在、開開心心，別說是生小孩，連結婚都曾覺得沒有必要。

而造成我心態改變最初的原因是我搬到一間大房子裡。屋主因爲工作調動的關係，所以讓我用便宜的價格租下三房兩廳一廚的房子。但住進去沒多久我便煩惱這麼大的空間不知道該怎麼使用才好，於是開始撿貓回家養。因爲收入和心情都安定下來，家裡也有多餘的空間，心裡就湧起了想要養些什麼、想要在小東西身上投注感情的強烈慾望。那時我三十七歲。再婚是三年後的事。

前一次結婚時，我曾有那麼一點點想要小孩。但那只是模模糊糊的感受，不過是因爲朋友們一個接著一個地生了小寶寶，所以

「諾斯特拉達姆斯」，
光是名字
唸起來
就很恐怖了
文緒
諾斯特拉達姆斯
咿～
作畫・伊藤理佐
（參考資料／無）

不知不覺中也有了想要生小孩的念頭。那為什麼還是沒有生呢？我現在明白了，那是因為我心裡對前夫有著「要是有什麼萬一時，這個人會很薄情」的想法。這並不是說我不喜歡他，反而是我對他的感情強烈到令我覺得鬱悶。或許是因為不安定的心情才會格外地喜歡他也說不定。當時的我所持的理由是這個人連對身為老婆的我都沒有充分的愛了，更不用說他是不可能會在小孩子身上投注感情的。

如果是現在這個老公的小孩，我就會想生。不過這是最近才開始這麼想，不是從一開始就有的。雖然王子有著酒品不太好及對小事情囉哩叭嗦等缺點，但他至少是個有趣的人，所以我覺得要是我們有了小孩，生活肯定會變得更有趣。除此之外，王子對親姐妹也非常地溫柔細心，經常去幫忙照顧外甥

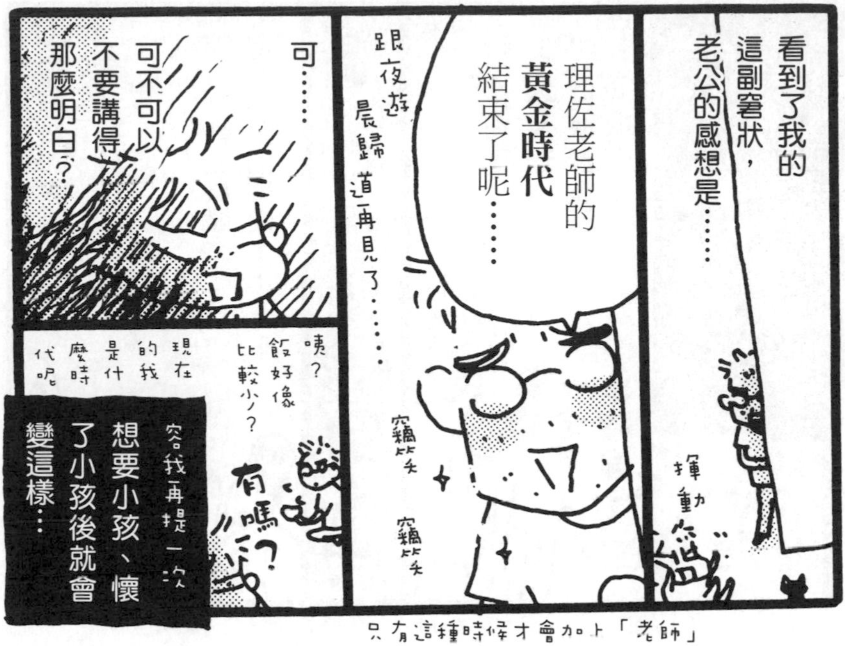

女。這也是跟他結婚後才開始漸漸了解的事。如果是跟這個人的話，或許就能夠毫無懼怕地養育孩子吧。就算恐怖大王真的從天而降，他也會和我合力保護孩子的安全吧。開始有這樣的想法是四十幾歲的時候。可惜已經到了難以生出小孩的年紀了。雖然覺得很遺憾，但我非常高興能夠擁有過「想要小孩」的心情。

對於曾害怕擁有小孩子的我而言，結婚和生小孩並不是成套的。如果男性是以希望妳能幫我生小孩的心態接近我的話，我想我絕對會逃得遠遠的。但不論是怎樣的時代，男人和女人都會生出小寶寶，所以一般而言，結婚跟生小孩這兩件事會緊密結合還是很普遍的事吧。

我爸媽的那個世代，生小孩是理所當然的事情。不生的話就會遭到家族的厭惡，或

煩惱起來就會煩惱不停呢……
而且女性在身體上還有期限的問題……
靈魂
還有要是工作很有趣的話……
但是
鹿
紙
懷了小孩子後，生活會改變也是理所當然的
吵吵嚷嚷
首先、一定要早睡早起！？
一天一定要吃三頓飯？
我辦不到啊
但沒有小孩的話，今後的生活難道就不會改變嗎？

〈日文中「鹿」的發音加上「紙」的發音跟「但是」的發音相同〉

是老公不願意配合避孕，不想生的人還是會生。這樣子的案例我想是非常多的。從這點來看，現在這個世界變成了可以讓人照著自己的意思選擇生或不生，實在是件好事。

但反過來說，有時也會覺得這世界變得更累人。就是高齡產婦變得愈來愈多這件事。我馬上就要四十七歲了，但還是會被問到「不生小孩嗎？」我無言以對。雖然或許不是絕對不可能發生，但關於這個問題，差不多可以放過我了吧。在以前的時代，到了一定的年齡後就不再會有人問妳生小孩的事，那眞的是太好了。但活在這個時代的女性，或許從初經開始一直到停經的漫長歲月裡，都必須一直煩惱要不要生小孩的問題。

對了，我說的淨是我自己的想法，那對方想不想要小孩呢？我倒是沒問過。也許是因爲不管是生還是不生都是我的身體，所以

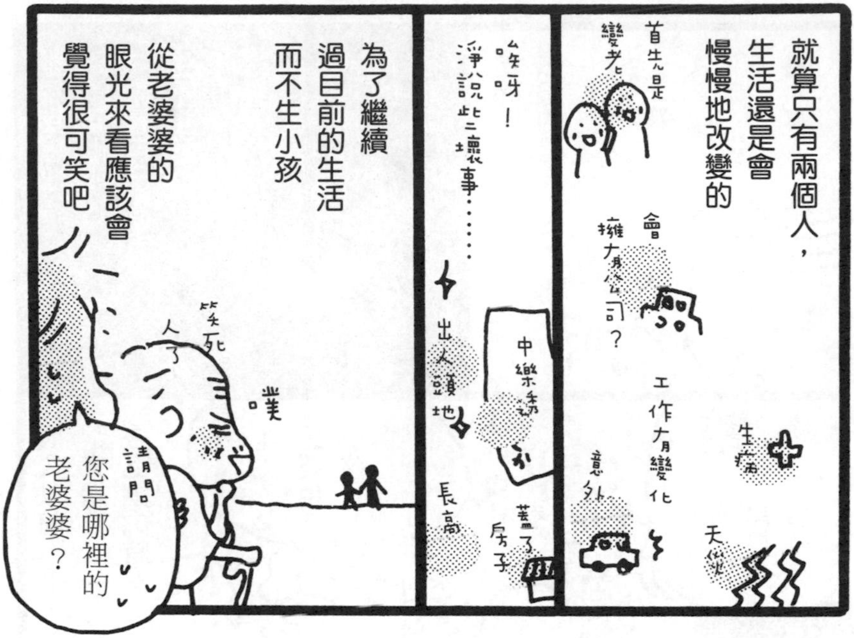
就算只有兩個人，
生活還是會
慢慢地改變的
首先是變老
會擁有公司？
工作有變化
生病
意外
天災
唉呀！
淨說些壞事……
出人頭地
中樂透
長高
蓋了房子
為了繼續
過目前的生活
而不生小孩
從老婆婆的
眼光來看應該會
覺得很可笑吧
笑死人了
噗
請問
您是哪裡的
老婆婆？

會覺得這跟對方的想法沒關係。從沒有男人對我說過「我想要妳的小孩」這樣的話，這是幸還是不幸呢？

雖然我想把問題簡化成「就看自己想不想生不小孩？」
但真的很難呢
這問題讓我想起的是……
這件事
滋
滋
肉
很久以前跟文緒去吃燒肉時
吶吶
理佐想要生小孩嗎？
連結婚的「結」都還沒出現的時候
結婚了
嗯～
要我選的話，我是「想要小孩」的那一邊
我們愈聊愈深入……
我從小時候開始就隱約有將來要生小孩的想法
欸～
嗯～
滋滋
滋滋
我是從小時候開始就隱約有將來不生小孩的想法呢
欸～
滋
滋
到底是從什麼時候開始出現這些想法的啊？
不可思議
滋滋滋滋
你有沒有什麼小時候就隱約出現的想像呢？

比起長大後
變得聰明的
自己
在吃野草嗎？
小時候的
那個笨蛋女孩
或許
更明白這些事情吧
明白自己
是哪一邊
之後
就該立刻
告訴對方。
老公
如果
是自己想要小孩，
結婚對象卻
告訴你
「我不想要小
孩」，
這種打擊
實在太大了。
所以請
務必慎重……
也請想一下「反過來的話」……
對了，
我們兩個人正在進行
「等小孩生出來後
就很難去的地方」之旅
壽司
拉麵
居酒屋
請給我無酒精
但會有喝酒的感覺的
雞尾酒
在常去的酒吧提出不合理的難題
哼
妳這傢伙
噯
之前我曾經
試調過一款，
就那個
如何？
老闆
興奮
新鮮薄荷葉
小許
新鮮羅勒葉
大量生薑
好喝
如上所述，
我想總是
會船到橋頭
自然直的……

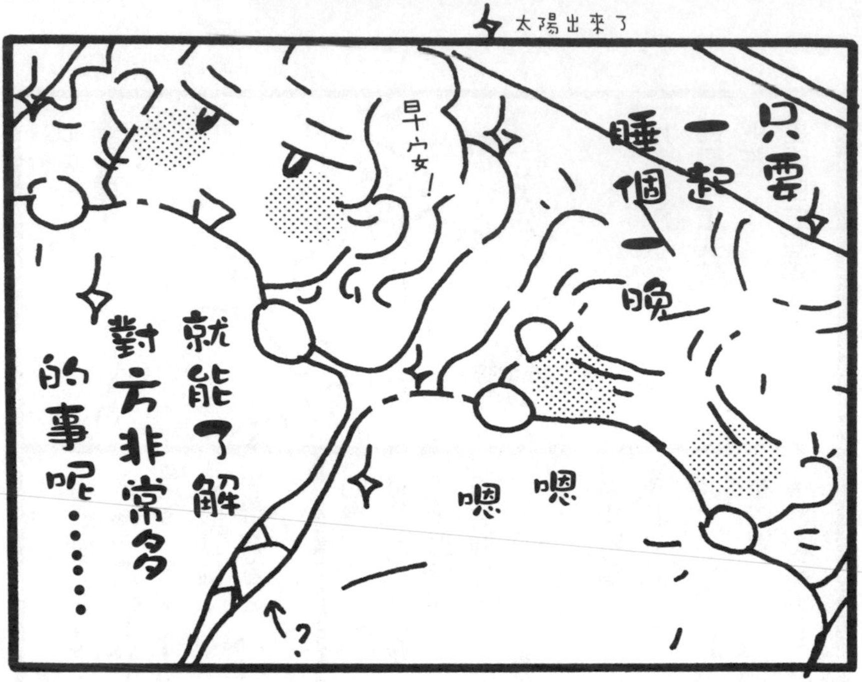
太陽出來了
只要一起睡個一晚
早安！
就能了解對方非常多的事呢……
嗯嗯
?

第 17 話

為了冷氣的事吵得天翻地覆！

今年夏天真的熱得讓人難以入睡呢。我平常會開冷氣的除溼功能並設定定時讓它關掉，熱到睡不著的話才會再把它打開。可是男友非常討厭冷氣。今年夏天也是一樣，每次他來我家過夜時，我們就會因為要不要開冷氣而大吵一架。他還會在深夜裡從我家奪門而出，真的好累。我會盡可能將窗戶打開再加上睡冰枕來撐過夏天，但一到了冬天，應該又會爆發要不要開暖氣的問題。我覺得這算是很嚴重的問題，結婚對我們兩個人而言是不是太勉強了？

（三十二歲　亞美　未婚）

「沒麵包吃的話，爲什麼不吃蛋糕呢？」法國瑪麗皇后到底有沒有說過這句話至今還有疑問，而我倒是眞的曾經以傲慢的口氣說過：「熱的話，爲什麼不開冷氣呢？」我呢，再婚之前是一個在盛夏時會將冷氣溫度設定爲十八度的女人。這不管對地球還是對人都是很嚴峻的溫度。也因此，我覺得這位讀者非常的了不起。竟然只有開除溼，還會設定定時讓它關掉，並顧慮到男朋友，明明很熱卻還是靠冰枕撐過去。但這位男朋友卻不認同女朋友的努力，還氣得奪門而出，多麼不明事理的傢伙！這樣的話，你就永遠給我睡在外面吧。遲鈍的傢伙！

這樣好像講得太過火了呢。眞是抱歉，一不小心就將心裡想的全老實講出來了（沒在認錯）。

因爲我是愛開冷氣的人，所以剛開始跟王子在一起的時候，夏天時就像是理所當然的一樣，不論是白天還是晚上，我都會把房間的溫度降得冷冰冰的。

因爲是我自己家啊！是自己賺錢租的房子啊。因爲超怕熱才把溫度設成十八度的啊！據說王子看到這樣子的我，曾有過「不想跟這個人生活」的想法。也難怪，畢竟當時的我是把房間的溫度盡可能調到最低，然後穿上冬天用的睡衣，再蓋上羽毛被睡得香香甜甜的。要形容的話，這種快感就跟在冬天裡開著暖烘烘的暖氣吃著冰淇淋類似。實在是非常的奢侈，不，應該說是非常的可笑。據說王子在出現「不想跟這個人生活」的想法後，立刻就擔心起來了，「其實這個人是身體哪邊出問題了吧？」BINGO！那時我的身體狀況非常地不妙。體溫調節功能到了即將失調的邊緣，幾乎快成爲變溫動物了，但我卻沒有自覺。

要說爲什麼會變成這樣子，我想是因爲手腳冰冷的毛病已病入膏肓的關係吧。說到手腳冰冷這毛病給人的印象，應該就是怕冷，但經年累月下來，對於手腳冰冷也是會變得習以爲常。記得曾經在哪裡看過「一旦手腳冰冷太嚴重的話，下肢就會從發冷轉爲發熱」的記載。這根本就是在說我的狀況，一到了夏天，我的腳底就會發熱，很令人苦惱。因爲腳有著異樣的炎熱感，所以會睡不著。也因爲這樣，冷氣的設定溫度就漸漸地愈設愈低，但身體因爲會冷所以會蓋上棉被，只把腳從棉被裡伸出來。

和我有相同症狀的女性可要多注意唷。每次搭乘東京的地下鐵時，明明看到冷氣強到令人身體發抖，卻還是若無其事般穿著無袖、踩著涼鞋的年輕小姐，我都會很想提醒她們：「這樣還不會覺得冷的話，妳的身體問題可大了！」

至於手腳冰冷的症狀爲什麼會變得那麼嚴重，想得到的原因就有本身的體質、食物的偏好、喝酒抽菸、夜貓子生活、坐著工作導致運動不足等等多得數不清。而我認爲最主要的原因則是長期以來一直一個人過著放縱的生活。

第一次結婚的時候，我還沒有那麼怕熱。前夫非常瘦，只要開了冷氣，他就會像是在游泳池裡冷到的小學生一樣嘴唇發青，實在是很可憐。所以就算是夏天，我也不會開冷氣。那時就算不開冷氣我也覺得不要緊。

而一離婚回歸到單身生活後，馬上就養成了只要覺得稍微熱點就毫不猶豫地打開冷氣的習慣，因爲沒有人會指責我這件事，所以我也就愈來愈變本加厲。

一個人的居家生活，就等同於可以不用顧慮任何人，就算電費很高也不會有人嘮叨。因此我沒多久就開始習慣「熱就開冷氣，冷就開暖氣」，不再經過仔細思考就按下開關。擁有優秀自我管理能力的人就算是一個人生活也應該會在這狀況發生之前便會提醒自己吧。但那時的我自以爲是地沉浸在「這是一種對單身的謳歌吧」的氣氛裡。

我就是在過著這種自由自在生活的時候跟王子認識的。開始交往後，談到要不要結婚時，王子便語中帶刺地說起我的冷氣使用方式有多麼地不正常。「天氣熱的話，在開冷氣之前麻煩先穿得少一點」、「要開的不是冷氣，是電風扇」、「電風扇也不要一直讓它吹，要設定定時關閉」、「把窗戶打開」、「夏天當然會熱，流點汗吧」、「飲料裡不要加太多冰塊」，再順便說的話，

天氣熱的話
為什麼不把冷氣
開18°C
再吃枝冰棒呢？
喲？
道具增加了

其實，
我非常喜歡讓別人掌握主導權
抖
抖
喜歡是嗎!?
炸豬排飯
年輕時在旅行時
在巴黎的咖啡廳
那個
這次的旅行，我想掌握主導權
可以嗎？
因為我想自己決定
交給你決定的話我比較輕鬆！
給你！給你！
有了清楚的自覺……
旅行變得很順利。

「妳做的飯糰和味噌湯也太鹹了吧。」聽到王子的眞心話，我頓時傻眼「怎麼像個老爸一樣」。雖然我心中不爽，但我也認爲他說的每件事都是有道理的。其實我也稍稍注意到把冷氣的溫度設定到最低，對身體根本不可能好，但等到有人親口對我說了之後，我才終於能夠想通。跟當時相比，手腳冰冷的症狀現在可以說已經戲劇性地治好了。

可是進入到二十一世紀後，都市的夏天明顯變得異常，溫度超過三十度的夜晚一晚接著一晚，絕不開冷氣睡覺應該是不符合現實狀況吧（就算是開著窗戶睡覺，樓層太低的話會太吵）。我現在還是當熱得睡不著的時候就會想開一下冷氣的那一派。王子則是討厭冷氣，就算是炎熱天還是能睡得著，所以我們夫妻一開始時是分房睡的。這並不只是因爲兩個人有著體溫上的差別，還有我們

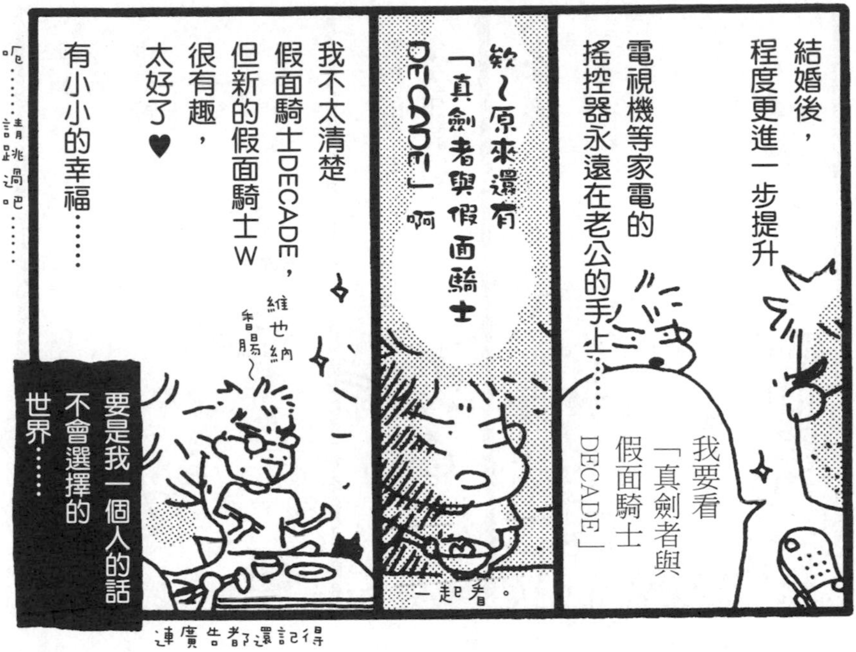
結婚後，程度更進一步提升
電視機等家電的搖控器永遠在老公的手上……
我要看「真劍者與假面騎士DECADE」
欸~原來還有「真劍者與假面騎士DECADE」啊
一起看。
我不太清楚假面騎士DECADE，但新的假面騎士W很有趣，太好了♥
維也納香腸~
有小小的幸福……
呃……請跳過吧……
要是我一個人的話不會選擇的世界……
連廣告都還記得

的睡眠時間兜不攏、王子的鼾聲太吵、我不易入睡等其他種種的理由。

我想應該會有人認爲結了婚不就應該要睡在同一間房間裡，或是認爲假如想要盡情地開冷氣睡覺的話，不要結婚不就好了。或許這樣子的想法也沒錯。

我的爸媽雖然已經結婚超過五十年，但還是會爲冷氣和暖氣的事吵架。爸爸不僅怕熱還怕冷（我們父女在這一點上超級相似），所以媽媽在夏天和冬天時一定會抱怨冷暖氣的事，然後兩個人就會吵起來。但他們是到了最近才開始分房睡的。「早一點分房睡不是更好嗎？」雖然做女兒的我這麼想，但夫妻應該同睡一間房是他們那個世代的常識不是嗎？

兩個人喜歡吃的食物不一樣，想看的電視節目也不一樣，個性和行爲也是完全不一

其實
冷氣
也是歸他管
不開冷氣派
開除溼派
柴魚派
客廳的冷氣
從去年就壞了
客廳
不需要
冷氣吧？
就這樣吧
工作室就需要。
不然手流汗
會害原稿花掉
什麼？

樣。難以找到相似處的兩個人，就算不是爲了體溫的事，每天也還是會因爲其他事情起爭執，但他們仍然在同一個屋簷下快樂地生活著。

不只是體溫，在所有的事情上面，每一個人都是不一樣的。早餐吃的是麵包還是米飯？牆上掛的是月曆還是日曆？捲筒衛生紙用的是單層的還是雙層的？這些例子要舉的話永遠舉不完。那爲什麼人還是會想要跟別人一起生活呢？當人跟人之間的距離愈近時，就愈容易吵架，但男人和女人還是會「想要更靠近對方」或是「雖然生氣，但不想分開」，這到底是爲什麼？

人跟人想要不起摩擦地來往，是需要保持某個程度的距離。跟朋友相處的非常順利，但跟家人卻老是吵得天翻地覆，這是因爲跟家人之間的物理距離和精神距離都很近

雖然我
對此非常地震驚
鈴～鈴～
風鈴
嗡
電風扇
……
但馬上
就習慣了……
很好！
我們家是
四十歲跟
四十六歲的
中年夫妻
所以這樣的生活：
·有助於身體健康
·有利於地球環境
這兩者
戰勝了的感覺

的關係。我已經完全不跟父母吵架了，因爲雙方分開生活，一年只見幾次面的緣故。而且將來（只要沒有生病之類的情形）也沒有挨近對方的計畫，所以感覺不到有說東說西的必要。

會對家人或是情人說出「希望你做這」、「希望你做那」的話，是因爲打算今後也要跟對方一起生活不是嗎？雖然跟別人保持距離的話就能避免衝突的發生，雖然如此能避開討厭的事，但要付出的代價就是——令人非常快樂或開心的事情也不會發生。而要選擇哪邊是個人的自由。

我是個就算一直當個冷氣溫度設定十八度、一輩子一個人過也可以的人，但我還是選擇了跟別人一起生活。我想，這是因爲我還是想跟人接近，近到能夠吵架的距離。

我在老公家看到了「浴室／只有肥皂一塊」的場景
你好
我是一塊肥皂
空空如也
好酷的浴室喔！
從那之後我也一直使用肥皂
雖然浴室還是放了好多東西……
像是起泡網
檸檬酸（護髮）
畫著這些事情，好像我跟老公都是愛護地球的人，不過……
嘿嘿嘿
做壞事的表情
有一件事我絕對不退讓
那就是早上的防UV作業!!
也算是化妝啦
也就是出門前的準備
文緒會化到什麼程度呢？
開始交往的那時候
早上請讓我至少可以慢慢地塗抹防曬乳
先下手為強。
?

啊哈哈
其實不是很懂這些事……
我知道了，早上妳就盡情地塗吧
啊哈哈
答應了……
這種直搗重點的拜託好像非常有效
加溼機的事要拜託你。
我知道了。
……
朋友家
據說她老公只有加溼機的水不會關掉……
所以老公非常地忍受我這點
塗塗抹抹
塗塗抹抹
就算是出外旅行……
……
很好
就慢慢塗吧～
也絕對不會對我說「動作快點」
反而還會聲援我……
提問的亞美小姐的「冷氣」跟我的「防ＵＶ」是一樣的吧？
塗
塗
塗
不……不能退讓！
找個絕佳的時機，用這個直搗重點的方式拜託他看看？
像是求婚的時候
不過吹冷氣真的是會讓人習慣
防ＵＶ根本就無所謂！
喔！
竊笑
全世界一起吐槽……
每個人的這類事情，可以自私一點吧？

第 18 話

沒有熱情，結婚好嗎？

我有位交往三年，而他也問過我是不是該結婚了的男友。我雖然喜歡他，但我很滿足現階段這種想見面時才見面的關係，心裡並沒有「我好想結婚」的想法。身邊雖然也有不顧周圍的人反對而結婚的夫妻，但我沒辦法理解他們想要「結婚」、為了結婚做到那種地步的心情。我也不懂結婚究竟是什麼。有時會想，如果結婚的對象不管是誰都好，只是跟另一個人一起建立「夫妻」關係的話，那麼跟現在這個人結婚好嗎？熱情，的確是需要的吧？

（二十九歲　美紀子　未婚）

我從以前就覺得「熱情」分成兩種。一種是「我就是想這麼做」，另一種則是「就這個我是絕對不想做的」。乍看之下，前者讓人感覺很積極，後者卻讓人感到很消極，但在想法明確這點上，我覺得兩者是不相上下的。一旦想法明確了，就能夠俐落地完成事物的判斷，任何事都能順暢地進行。

可是凡事都能像這樣子「我想這麼做」、「我不想這麼做」地燃起熊熊熱情的人只有極少數，大部分的人都是隨波逐流地過著每一天。午餐要吃什麼好呢？就在考慮要吃義大利麵、焗烤，還是起司類料理的時候，中午就過去了，結果最後是被同事找去吃中華料理，不過反正也蠻好吃的，所以無所謂啦——大概就像這樣。並非「我想這麼做」、「我不想這麼做」，而是「就是很自然地發生了」。不然每件事都要燃起熊熊熱情的話，不累死才怪不是嗎？

在這樣的日子中能夠產生強烈的想法（熱情），應該是發生什麼事件（契機）的時候。譬如說，因爲有位前輩好意地小聲問妳「是不是胖了一點」而大受打擊，爲了減少一天的熱量攝取，就決定中午只吃蕎麥麵——類似這樣。然而節食的熱情通常很少能夠長期持續。如果不是胖到制服裙子穿不下，或是健康檢查的結果出現許多紅字的項目，被醫生威脅說這樣下去將會變成嚴重的成人病的話，食慾旺盛的年輕人是不可能持續只吃蕎麥麵當午餐的。所謂的熱情，會愈來愈降溫是理所當然的。

熱情是種在產生後沒多久就會消失的東西，所以就算是在高昂的熱情下結婚，這世界上也不可能會存在結婚生活能夠永遠保持著「我愛你」、「我也愛你」熊熊愛火的夫妻。如果是在周圍的反對下結婚的夫妻，或許那熊熊愛火會大一點、持續久一點，但也不可能會持續一輩子。

那麼，結婚不需要熱情嘍？我認爲並不是這麼講。一時燃起的熱情能讓平常循規蹈矩的人做出大膽的事情，刺激不是行動派的人起身行動。也就是所謂的驅動力。

不論是誰，原本都是想著一輩子結一次婚就好（從一開始就希望一輩子結好幾次婚的人應該很少吧），所以才會很愼重地考慮該跟哪個對象結婚比較好。

依據所選的對象，結婚之後可能會需要換居住的地點，工作還能繼續嗎？對方會幫忙做家事嗎？會變成有錢人還是前往貧苦的農場呢？這名副其實就是在玩一場「人生遊戲」（「The Game of Life」，一種紙上遊戲）。生小孩的話會對身體造成負擔，也沒有辦法保證辛苦養育、我可愛的小孩將來不會變成壞孩子。一旦考慮起風險的事，便會出現數不盡的風險，連到底要不要結婚都害怕起來了。還會開始思考結婚到底值不值得讓人毅然放棄至今平穩安定的生活。結婚和生小孩的事要是考慮得太多，就會讓人變得猶豫不決。

我本身是會對小事情煩惱個不停的人，非常地愛操心，對事物有著想太多的傾向。關於所有會成爲人生轉捩點的事情（選校、就業、轉行、搬家、購買不動產等），從沒有單憑著熱情縱身一跳的記憶。但若仔細回想，雖然我以前對事物的思考方式裡不存在「我絕對要這麼做」的想法，但卻存在著「這我或許沒辦法接受」的判斷標準。

譬如，我不太能接受學校只要女生，所以我選了男女合校；我無法接受加班太多的公司，所以就業時我選了半公家性質的公司；會轉行當作家則是因爲我還是不太能接受要照著月曆休假這件事。至於結婚呢，因爲覺得願意跟我結婚的男人應該不會有那麼多，所以從年輕時就決定一有機會的話我就要結婚。也因此第一次的結婚跟這次的結婚都是在交往一年內（也就是趁著還有熱情的時候）就決定了。若想得太多，讓好不容易遇到的對象溜掉，「這我就沒辦法接受」了。

還有，不是結婚的事情，而是關於工作的事情。在我快三十歲時發生了一件事，從此讓我有了一個「不知道該怎麼做時就這麼做」的想法，能讓我果斷地做出選擇。

在我獲得少女小說獎出道後，有三年多的時間靠寫小說爲生。原本還可以的銷售量在過了第二年後開始以驚人的速度往下掉。

「如果不能賣得多一點，我們就沒辦法再幫妳出書了。」我的責任編輯很明白地告訴我。那位編輯是很好心的人，所以幫我想了一個跟當時的熱銷書籍相仿的故事，也幫我搭配和當時流行的動畫相似的插畫。但就結果來說，書的銷售量並沒有提高，而我面臨了能否繼續作爲作家爲生的危機。

但那時最讓我心情逐漸低落的並不是因爲書賣不好，而是非出於自己的本意按照別人（編輯）的建議所寫出的書，果然還是賣不好的這個事實（當然編輯並沒有對我說「很抱歉，我建議的內容賣得不好」之類的話）。如果是自己主導造成的失敗我還能接受，但聽從別人的建議導致的失敗讓我感覺很不是滋味。這個時候，我有了「如果就是會賣不好的話，不如就選擇讓自己認同的內容，這讓人可以接受得多了」的堅定想法。

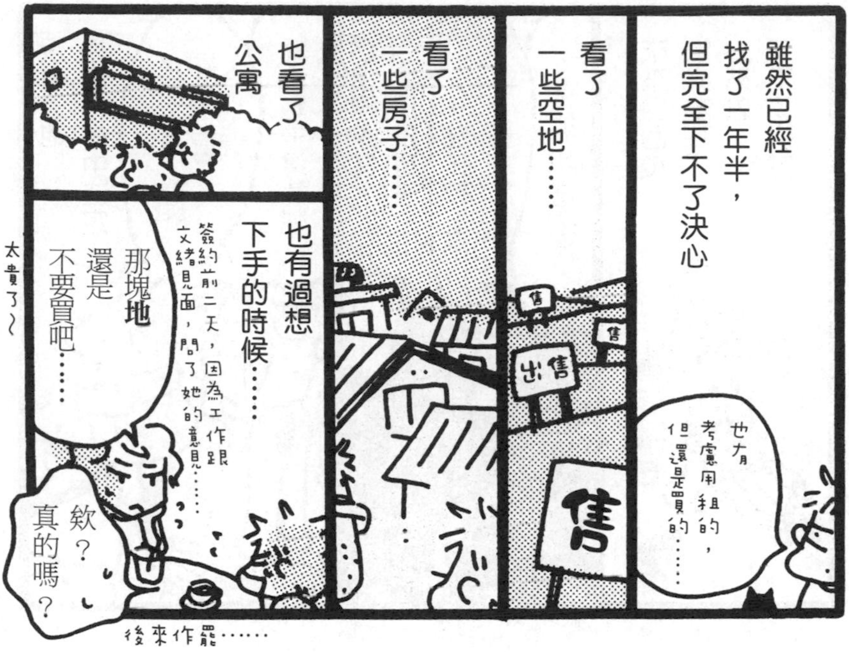
雖然已經找了一年半，但完全下不了決心
也有考慮用租的，但還是買的……
售
出售
售
售
看了一些空地……
看了一些房子……
也看了公寓
也有過想下手的時候……
簽約前二天，因為工作跟文緒見面，問了她的意見……
那塊地還是不要買吧……
欸？真的嗎？
太貴了～
後來作罷……

如果不管怎麼做都會失敗、後悔的話，把過錯歸咎於別人只會讓我心裡覺得不舒服。從那之後，當我不知道該怎麼做的時候，就會思考該怎麼做才不會在最後時覺得不是滋味。

現在回頭看，如果沒有那個「聽從編輯的建議果然還是賣不好事件」的話，我或許就會繼續勉強寫少女小說，就算想要轉向一般文學，我也會想些「生活會變得更苦，要打工的話既提不起勁又害怕，對沒有自信的我是強人所難的事」之類的理由而很難勇敢地轉換方向。人生的轉捩點不只潛藏在好的事情裡，也會潛藏在壞的事情裡。

在前前一回討論要不要生小孩、該怎麼辦的煩惱時，伊藤說的話讓我深有同感。不論現狀多麼美好，變化還是一定會降臨。看似沒有不同的日子裡，人的年紀會逐漸增

沒道理地相信「命中注定」
老公！不就是這裡了嗎？
就決定是這裡吧
深信不疑
然後再承認「果然不是」……
……也許不是這裡…
……沒辦法選這裡
10分鐘後
很累
來來回回後，眼光變高了。愈來愈下不了決定
「無法決定」的姿勢……

長，環境也會改變。要持續維持住現在的狀態是很難的一件事，更明白地說，是不可能的才對。人就像是在一條滾動的步道上生活著，就算想要留在原地也會隨著所謂的狀況流轉。

這位正在煩惱中的讀者說她目前很滿足現階段能夠見面時才見面的關係，但即使現狀如此，仍可能在不久後出現變化，可能會變成就算想見面也無法見面。

這位讀者今年二十九歲，還非常年輕，還無法完全地丟掉將來是不是會出現比現在的男友更適合她的人、更能讓她產生熱情的人的期待。若將來的某一天出現了「這段婚姻是失敗的」的想法，但如果能擁有「那時的我燃著熊熊愛意，認定他就是我的眞命天子，所以才和他結婚」的回憶的話，或許那時就能接受這個失敗也說不定。

在我的想像裡，這位讀者所期待的，與其說是熱情，不如說是能夠讓自己接受一切的事件，也就是契機。但如果無論如何人都會隨著狀況流轉，無法讓事情照著自己的意思的話，那就把舵控制在較爲理想的方向，這樣也算是一種熱情不是嗎？

某一天被問到……
不可能會有日本第一的土地(房子)，就算有的話也貴得買不起對吧？
妳的想法呢？
妥協是必須的
嗚
我、我……
怎麼樣的土地(房子)都好
我只是想要喜歡上而已，想喜歡上那個土地(房子)！
緊握
打擊
這台詞有一陣子造成了老公的心靈創傷
客人
說什麼「相心喜歡上」
呼……
嗝
「相心喜歡上」是嗎？
相心喜歡上個屁！
(這是像相心圖)
不久後回神……
妳不是有過一次「不小心做下去」經驗的人嗎
「不小心蓋下去了！獨戶住宅！」要看喔！
妳的「喜歡」是最不能信任的啦！
欸
是嗎
小傢伙
媽媽吶，以前不小心做了唷……
剛才的話有聽到嗎？
哇啊
不要說了不要跟小孩講奇怪的事啦
很怕胎兒的事情…
揮舞雙手
就像這樣……

「結婚」跟「房子」很像不是嗎？
不像吧？
一樣會只是想喜歡上
一樣會想要確定選擇，眼光卻變得很高
一樣會因為迷失而錯過了「真正適合的」
飄
這是哪位？
一樣有訂下期限尋找目標的人
三十歲前
一樣有條件不好卻能按步就班的人
一樣有將自己跟身旁比較的人
一樣有沒那麼做的人
對了，最近呢……
這麼氣派的房子！我不要……
有這樣一件事……
太氣派了啦！？
預算內、八房兩廳一廚的好物件……
房仲
……
感覺就像這樣？
何故拒絕？
小女配不上
富家的
姑娘
除了「拚了命思考」別無他法……
我們一起拚了命思考吧
啊哈
正在煩惱的人找了一位正在煩惱的傢伙商量……

真是的……

第19話 之特別篇3

彼此另一半的提問

理佐老公 ▶ 山本文緒
（吉田戰車）

每次我想要像結婚前一樣一個人自在地去看電影，她總會很不滿。明明她就沒有去電影院看電影的習慣。就算跟她說「有趣的話我會跟妳分享，這樣的話讓我一個人去看也可以吧」也不接受。當然我也能夠理解兩個人一起去看電影的好處，也會因為伊藤的選片而觀賞到我不會選來看的類別中的好電影。還有，不曉得是不是因為要配合工作時間太麻煩的關係，現在我看的電影數目突然少了很多。這也許是個得不到結論的問題，但還是請讓我聽聽妳的想法。

你好，吉田戰車老師，初次見面。不知不覺間，這個連載也來到了第十九回了，這期間也有出現一些難以回答的問題，但這次應該是讓我覺得最頭痛的。

爲什麼這麼說呢？因爲對我而言，吉田老師是位認識的人，但也是位不認識的人。從伊藤那裡，我已經聽了非常多吉田老師的事（每次見面，理佐一定會開心地講老公的事），所以明明沒見過面，但我還滿清楚吉田老師說過的話和做過的事。但若說吉田老師已經是我很熟的人的話，卻既沒有約過也沒有偶然遇見過，實際上是完全不認識的人。在我原本所認知的漫畫家吉田戰車的形象上面，還隱約重疊著經由伊藤這層過濾網過濾出來的老公的形象，這讓我不曉得到底該隔著多少的距離面對吉田老師才好。對一位不曉得能不能算熟的人，我想應該不可以說些自以爲高明的道理吧？而且對方還是吉田戰車，我感覺要冒冷汗了。

想了這麼多的結果讓我注意到一件事，就是我在這個連載裡到底說了多少自以爲高明的道理？我不斷反省是不是因爲來詢問的讀者反正是陌生人，所以說了一堆說教的話呢？

發言內容會根據對象而改變本來就不是應該有的行爲，但是人都會袒護自己認識的人，如果這次的問題在「由陌生人提出的」、「喝酒的時候，理佐發的牢騷」、「伊藤的老公經由編輯提出的」三種狀況裡，我的答案都會不一樣，這點希望讀者及那位老公能夠理解。就請當做是老婆的朋友說了些有的沒的就好。非常抱歉又說了這麼多自以爲是的話。

關於結婚後看的電影數目突然少了很

多，結婚後的自由時間會比單身的時候少，所以某個程度上這是無可奈何的事。吉田老師也會覺得「算了，這是沒辦法的事」對吧？理佐還覺得自己是新婚期，所以行爲無所忌憚，我想只要伊藤心裡覺得新婚期還沒有結束，吉田老師想要和單身時一樣悠哉悠哉地去看電影是很難的。這件事就請你放棄吧。

根據伊藤所言，吉田老師是一位擁有非常強烈「獨處欲」的人。不管是誰，只要一直跟別人在一塊兒久了，就會偶爾想要自由自在一下。而有沒有會一個人去看電影的習慣，我認爲這可以當成區分「獨處欲」強弱的基準線。會一個人去看電影的習慣的人，也會很享受一個人吃飯和一個人旅行，如果這些事受到了限制就會感覺無聊（當然我並不是說無法享受一個人去看電影、一個人吃飯、一個人旅行的人就是容易感到寂寞的人，甚至是不像個大人的意思）。

我從高中的時候就喜歡一個人去電影院看電影，所以如果被老公抨擊說「欸？妳一個人去看電影」的話，我一定會非常不高興。不過幸好王子覺得我一個人去做自己感興趣的事很有趣，所以從沒有發生過問題。再加上我們兩個都不是一定要看院線片的人，所以很少會一起上電影院看電影。

其實在幾天前，我跟王子一起去看了場久違的電影。有部兩個人都想看的電影上映了，原本是打算各自私下找個工作空檔去看，剛好工作的安排調整得很順利（其實是我的生日），就變成兩個人一起去看。順便一提，我們看的那部片是麥可傑克森的「THIS IS IT 演唱會電影」。前一次一起上電影院看電影約是一年前，看的是滾石合唱團的「Shine a Light 紀錄片」。那陣子他的工作非常忙，我們直接約在電影院，一看完電影他就回去公司。「什麼嘛~至少也要再去喝個茶嘛！有夠無趣的……」雖然絕對有這麼抱怨著，但我想這也是跟配偶去看電影的好處之一。如果是跟朋友去看，看完電影就當場說再見的話，不用說這樣對朋友很失禮，甚至會讓對方覺得：「這樣的話你自己去看不就好了。」而在這部之前，記得我們看的是「穿著 Prada 的惡魔」。嗯，眞的是好久以前的事了。這麼回想起來，我們是一對很少看電影的夫妻。

如果只講片數的話，我想老公看的遠比我多了。他非常喜歡借DVD，常常晚上一邊喝酒一邊觀賞（好像都是借古早的日本片），我則是不怎麼喜歡在家裡看DVD。我想應該是我的集中力差的關係，一旦待在家裡，我就會很容易分心，沒辦法一口氣看完，也沒辦法沉浸在劇情中。

電影要在電影院裡看才對。因此與其說是喜歡看電影，或許應該是說喜歡在電影院看電影的氣氛才對。我尤其喜歡去外地的時候到當地的電影院看電影。看完電影走出電影院時，出現在眼前的是陌生的土地，令人當場傻住，這種現實感消失的感覺很棒。

我想了爲什麼我要一個人去看電影，與其說是喜歡電影本身，其實是因爲能夠暫時忘掉工作、計畫、生活的事，藉此轉換一下心情的關係。在電影院裡一個人坐在一片漆黑中，被巨大的聲響包圍，這是極過癮的事情不是嗎？

而且工作是自由業也是原因之一。當稿子比原本預估的時間還早完成，突然有多出來的時間的時候，去看個電影也還不錯。不用管別人的行程，可以一個人漫無目的地四處走走、觀賞想看的電影，覺得電影無聊時可以坐著睡覺，也可以起身離開，眞的是非常自在。除此之外，有些電影（主題沉重的片子、愛情片、實驗性質的片子等等）我並不想聽到別人的感想。如果能夠不需在意鄰座的人、能夠集中精神地觀賞這些片子的話，身體裡面沉睡中的各種東西就會被喚醒，甚至常常會浮現創作上的想法。一個人的話也能夠沒有顧忌地哭泣，這也是很棒的一件事。

如果吉田老師在雜誌等媒體上擁有影評的專欄連載，看電影是你的一項工作的話，或許我講的這些根本沒有切中問題的要點。

但我倒是有點害怕看過非常龐大數量影片的人。對於書、漫畫的本數和演唱會、話劇的場數也有一樣的感覺。在只想著增加素

麥可傑克森跟
滾石合唱團跟
穿著Prada的惡魔

作畫・伊藤理佐（當然沒有參考資料）
給我向全世界道歉……

材的吸收數目的人身上，總會感覺到走投無路、危險的感覺。我以前曾經提過我一年讀的書不到一百本，結果被某位很愛讀書的人評批「身爲作家，讀的書太少了吧」！就算我說明除了看書以外，我還有想做的事跟必須做的事，但他堅持這樣就不能算是專業作家。雖然我並不認爲他說的是錯的，但是他又不是什麼專家，所以那番話聽起來欠缺說服力。如果是因進行起來愉快有趣才使得數字增加的話，我多少還能表示贊同。以數字爲目標似乎不太對吧。

回到這次的問題，如果這個煩惱的求詢者是我不認識的人，那我應該會回答：「如果看電影不是你的工作的話，那麼不用看那麼多也沒關係吧。」如果是伊藤問的話，那我會開個玩笑含混帶過，「哎喲，不過就是看電影，就隨他高興嘛。又不是賭博還是偷腥。」但這次問的是伊藤的老公，所以我的回答是：「不要做一起看電影的承諾、盡量閃躲，等伊藤忙於截稿時再一個人去看。如果被質問爲什麼你一個人跑去看時，只要跟伊藤道歉說『因爲妳正在趕稿，看起來很忙的樣子』的話，應該就不會起什麼風波吧？」這回答如何？結果，我這次還是說了一堆自以爲高明的道理，實在非常抱歉。

理佐，過幾天也跟我去看場電影吧。

第19話
之特別篇 4

♥ 彼此另一半的提問 ♥

王子 ▶ 伊藤理佐

伊藤理佐老師，懷孕時有沒有確實禁酒呢？我結婚已經進入第八年，以前跟老婆兩個人常常喝到爛醉，但她自從生病後連一滴酒也不沾了。從那之後，我喝醉時她對我就會比較冷淡。我聽說吉田老師也是非常愛喝酒的人。妳不能喝酒後，看到老公喝醉回家是什麼樣的心情呢？

明明不能喝酒還跑去酒吧喝無酒精雞尾酒

讓我聞一下味道就好！
只有味道喔！
甩力
嗚哇
別喝
不要喝
嗚～～～
有幾個人看到了這淒慘的景像……
另外，有一件遺憾的事要告訴大家
老公他……
喂！眼前有個這麼忍耐的人，你不會喝不下去嗎？
完全不會
蛤？
酒還是喝得一樣多
甩力搖
可是呢，對於喝醉的老公，我決定要非常溫柔地對待他
為什麼這麼做呢？
我有個一點都不馬虎的理由
那就是明白地講
我打算重新回去喝醉酒的世界裡……
生完就喝!!
立馬……!!
邪惡的表情
實際上在哺乳階段還不能喝

要說我究竟
有多溫柔的話，就是
「溫柔到
令人不舒服」……
嗝
我回來了
回來了啊
噠噠噠噠
呵呵♥
有沒有
喝很多啊？
嘿
吃了什麼
東西呢
小跳步
好不好
吃啊？
就像是
森林裡的
小熊在訪問英雄一樣
令人很不舒服對吧？
我吃了火鍋
嗝
是什麼鍋呢？
好讚喔
喔！
哇~
麥克風
這全是
為了自己
回去的
那一天!!
嗝
到時也要
麻煩你囉！
邪惡小熊
有一次，我還
處於工作模式裡
我回來了
咦？
喀吱
回……
回來啦
很正常地迎接
啊
呃……
我喝了酒回來了
那個……
我喝了酒……
回來了
很難突然
變身成
小熊
抱歉
因為有過
這樣的事，所以

又更誇張了一點……
我回來了
噠咚咚咚咚
嗚
歡迎回來
歡迎回來
歡迎回來
從一開始就是小熊
要不要再喝一杯？
就這麼睡嗎？
沒洗澡沒關係的
牙齒沒刷也沒關係
癱倒
哎
討厭啦
全部都是希望對方跟自己說的話……
還有，因為對方已經醉了，所以很好伺候。
你這醉鬼～♥
臭小子～♥
酒臭味好重喲～♥
給我零用錢～♥
只要語調溫柔一點，不管說什麼他都會很高興♥
一直都難以伺候的老公變得很好伺候！
而這全是為了自己回去的那個時候！
嘿嘿嘿
文緒有沒有想要回去呢？
英雄訪問
好好玩～～
這是手心
肚子
不管怎樣很對不起給了這幫不上忙的答案……
好想再一次三個人喝醉酒去放一堆煙火然後被警察抓呢
我才不要
曾經被抓過……
邪惡……！

後記

書末來賓對談

■來賓　Eiko Kera老師

嘿!
Kera老師。
老師是位美女唷

◆Eiko Kera老師介紹

一九六二年出生於東京都。漫畫家。於讀賣新聞星期日版連載「我們這一家」（《あたしンち》，已於二〇一二年三月十一日結束連載），該作品於一九九六年獲頒第四十二屆文藝春秋漫畫賞。其他作品尚有《赤裸裸結婚生活》、《戰鬥的新娘大人》、《金田夫妻》等。

那之後的赤裸裸結婚生活

山本　Kera老師結婚幾年了?

Kera　我是一九八七年結婚的，所以今年已經是第二十三年了。

山本　我從Kera老師畫《赤裸裸結婚生活》之前就是老師的粉絲了，讀過老師所畫的夫妻從新婚開始成長的過程，所以雖然這是第一次跟老師見面，但還是知道一些老師結婚生活的事。現在老師在畫的是《我們這一家》。我想包含我在內的讀者都想知道從那之後老師夫妻的婚姻生活。

Kera　婚姻生活嗎?每次舉辦《我們這一家》的簽書會時，帶著興趣盎然的表情看著我跟老公的都不是小孩，而是媽媽們（笑）。不過在《第七年的赤裸裸結婚生活》之後，就沒有可以畫成漫畫的題材了。

伊藤　「老公熱」退了嗎?

Kera　嗯。但也不是說剛結婚時，老公的每個發言或反應都會覺得有趣就是了。

山本　那麼，看到現在伊藤正處於新婚模式……

伊藤　（一邊假裝挖著鼻孔）「呿」，會這麼想吧（笑）。

Kera　不會啦，我非常了解新婚的快樂。只是結婚都超過二十年了，沒什麼能夠畫在漫畫裡的題材了。但稍微認眞點想的話還是會有就是了。

山本　現在是把男性讓妳覺得「嘖」的地方畫進《我們這一家》不是嗎？

Kera　有喔。每一天的夫妻題材都是從那些地方獲取的。

了不起的模特兒老公們

山本　伊藤的老公是位名人，以追星族的讀者角度來看的話，還是兩位有時恩愛有時吵架的地方最有趣。其實我連吵架的地方也會想看呢。

Kera　能認識活生生的本人，會讓人心裡噗通噗通跳的。

山本　就算是新婚時期，我想還是會有生氣和吵架的時候，理佐是絕對不會畫那些事嗎？

伊藤　不，有趣的話我就會畫出來。

山本　也就是優先考慮有不有趣。

Kera　對我來說，吵架的事要畫得有趣是很不簡單的事。

山本　Kera老師的老公對被畫到漫畫裡是怎麼想的？

Kera　完全OK。

伊藤　在《赤裸裸結婚生活》那時，他還是上班族對吧？

Kera　沒錯。在連載《赤裸裸結婚生活》的出版社上班，而且雜誌還會發給公司員工，所以我們的私生活都被公司的人知道了。

山本　像是索吻之類的（笑）。

伊藤　還有裸體跑出來「嗯哼」的（笑）。

Kera　老公在公司好像老是被人取笑的樣子，但他倒是很開心（笑）。

山本　他不會先看過樣稿嗎？

Kera　還在分鏡稿的時候就一定會看了，但他完全不怕自己會丟臉，只要有趣就OK。無趣的話就不行。堅持專業。就算旁邊的人說：「這劇情也太丟臉了吧！」他也會說：「有趣就好。」要當漫畫主角，丟臉的事被畫出

來是很稀鬆平常的。」

山本、伊藤　欸～

Kera　從這點來看，「了不起的模特兒」比「了不起的老公」更適合形容他。

伊藤　王子也是編輯呢。

山本　能被伊藤畫出來，我也是覺得非常開心，我想王子也一樣覺得開心。但因爲我都是在稱讚他，也許他會覺得其他的部分太少了。「老是讚美，明明有更讓人愛看的部分」，類似這樣（笑）。他心裡應該是在想「給我畫得更有趣點」！

Kera　他都是在哪個階段看妳的稿子呢？

山本　只要把樣稿放在桌子等地方，他就會在刊出前讀過，幫我批改錯誤的日語（笑）。

伊藤　果然會做編輯做的事呢。

山本　吉田老師身爲漫畫界的前輩，看了理佐的漫畫會說什麼嗎？

伊藤　有時會簡單地說些這很有趣什麼的。內容的話，彼此間還滿信任彼此吧，他不會管我畫什麼，我事前也不會徵求他的同意。就算他要我重畫，時間上也辦不到就是了（笑）。

會這樣的原因是老公對「廚房的事」很敏感
有好好洗嗎？
不是還油油的嗎？

（摘自第62頁）

Kera　這部作品裡有出現廚房的討論，他對廚房的事情很敏感呢。

伊藤　東西油膩膩的話就會很囉嗦，還曾在喝酒時在大家面前說我清潔劑沒沖乾淨（笑）。

Kera　我聽過那件事。竟然連那種事也在注意。

伊藤　他還說過「弄髒我的廚房了啦」（笑）、「幹嘛炒菜啊」之類。但他對積灰塵卻不在乎。我也還在研究中。

山本　王子也是會對小事很囉嗦的人。「快點起床」、「快點去睡」，會跟我講些對小孩子才會講的話（笑）。

Kera　他是在擔心妳的健康啊！

山本　他還會說：「寫稿就要像寫作業一樣，沒提早寫的話，截稿時就難過了。」「我不會幫妳的哦。」

Kera 好像父親一樣呢。雖然我沒見過王子，但看了山本老師的文章，王子給人年紀比妳小、神經質的印象。

山本 他比我小一歲，但實際上他比我像個大人，眞的像是家長一樣。他的父親很早就過世了，感覺母親、兩個妹妹再加上我，女生們的撒嬌、任性都會乖乖地聽。

跟我交往的話就會變漂亮唷

Kera 理佐呢？你們差了幾歲？

伊藤 老公比我大六歲。

山本 大六歲給人的安全感也不一樣吧。妳曾經跟年紀大那麼多的人在一起過嗎？

伊藤 他是差最多歲的。

Kera 不過兩位給人的印象是吉田老師比較年輕……

伊藤 他是超越昭和男人的明治男人（笑），所以我都會讓他保有顏面，正確地說，至少都會假裝想取得他的同意。

山本 理佐是喜歡被別人掌握主導權的類型對吧？撒嬌一流。

伊藤 並不是我很會撒嬌，只是主導權交給別人的話輕鬆多了。而且我又喜歡吉田老師的漫畫喜歡得不得了。我過去也是他的粉絲。

山本 說的也是。那吉田戰車竟然就在自己家裡，不會覺得很驚訝嗎？

伊藤 有時會。

Kera 不過吉田老師眼裡只有妳呢（笑）。只要稱讚理佐，他眞的會很開心。

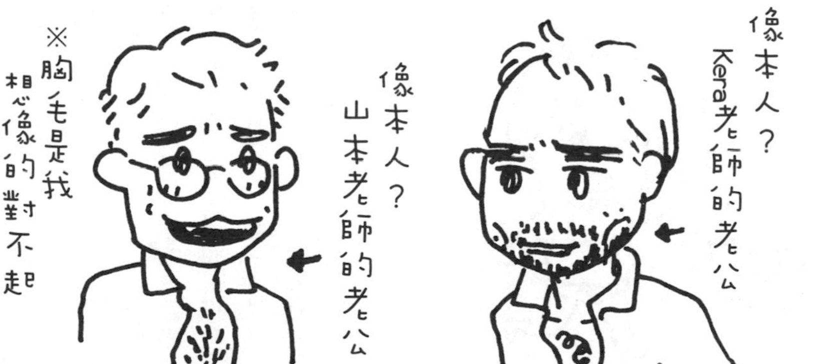
像本人？
Kera老師的老公
像本人？
山本老師的老公
※胸毛是我想像的對不起

伊藤 我的胖瘦變化一向很厲害，最近他開始很臭屁地說：「我是在伊藤有點胖的時候跟她開始交往的。」在還圓滾滾的時候被我發掘，開始跟我交往之後……

Kera 「就變漂亮了」，妳是想這麼說吧。

山本 他的意思是「跟我交往的女性都會變漂亮唷」（笑）。

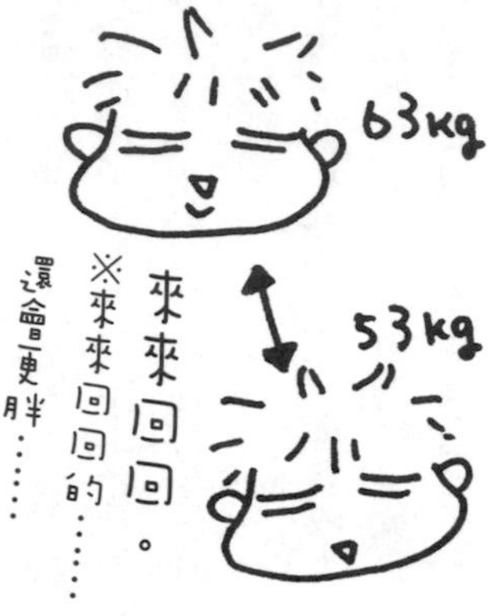
63kg
53kg
來來回回。
※來來回回的……
還會更胖……

伊藤 他不會這樣跟我說，都是說變正常了而已（笑）。還有，他會在喝醉時胡說什麼「不要再變老了唷」，所以其實他也沒有認爲變醜沒關係，應該說他有時看我也會像一般的男人一樣。所以我在家裡不會只穿件內褲走來走去。

山本 明明就不是一般的男人（笑）。Kera老師跟老公差幾歲呢？

Kera 老公大我一歲。不過我們的關係比較像是爺爺跟孫女，或是爸爸跟女兒。在家裡，我就像個三歲或四歲的小娃兒（笑）。所以我就算穿著一件內褲走來走去，他也不會怎樣。

山本 眞的是爸爸呢。

Kera 對父親而言，女兒有種不管做什麼都不會被討厭的安心感，但也會有種傳遞不到的距離感。

山本 漫畫裡的感覺比較像是同學呢。

Kera 因爲漫畫裡畫的是新婚的那時候……雖然這麼說，但我會讓老公幫我拔腋毛呢（笑）。

伊藤 Kera老師的除毛處理那幕實在太令人震撼了（笑）。

嘿
小跳步

山本　從來沒有人畫過那種事（笑）。

Kera　我現在看到那個，只會覺得丟臉到想死（笑）。

山本　我覺得很棒呢。如果還是情侶的話，大概會說別把腋毛露給我看。結婚後能夠幫忙對方拔腋毛，這樣才是家人。

Kera　但我後來慢慢了解到那是我老公太特別了。接受不了的人永遠都接受不了。

山本　那時我還在前一段婚姻當中，但我還是會想要跟這樣的人結婚。會微笑地幫著我除毛的男人，多棒啊！

跨越新婚十年的山

Kera　我最近覺得他對我來說，與其說是結婚對象，不如說完全變成了創作夥伴。就算我做了過分的事、跟他撒嬌，都不會棄我於不顧。我想應該是因爲我現在在工作上努力的樣子，讓我獲得他信任的關係。

伊藤　沒才能的人就算說「油灑出來了」，也只會令人覺得「在說什麼啦！你這個傢伙」（笑）。

山本　沒器度。

伊藤　再狠一點，「窮傢伙」（笑）。

山本　我是幾乎不出門，也不跟人碰面，一直都待在家裡。某天王子他們公司的小說雜誌上刊登了一篇我寫的短篇，王子看到我寫的是在丸之內（東京都內的地區名，公司行號林立）上班的OL的故事時，非常驚訝爲什麼我可以寫出像是親眼見到故事發生般的謊言，驚訝的同時也稱讚著我。這讓我非常開心。

Kera　看到了自己還不知道的對方的另一面，眞好。山本老師結婚幾年了？

山本　八年左右。

Kera　那就是還沒到十年囉。妳們兩位都還算新婚。我覺得十年就像是一座山唷。

山本　那麼該怎麼跨越呢？其實我很不安。

Kera　兩個人並肩往前看就對了，不是兩個人面對面喔。面對面的話雖然可以獲得什麼結論，但兩個人並肩看向同個方向讓人覺得很美好。以我而言是指工作的部分就是了。

山本　太閒的話就會開始雞蛋裡挑骨頭呢。我聽起來覺得是好事。

Kera　不是有一回是由妳們彼此提問嗎？那時理佐推薦「夾蜜蜂幼蟲」，其實已經一針見血了不是嗎？

伊藤　是嗎？

Kera　山本給理佐的回答也很棒。前次結婚的婚禮回想起來是一個很美好的婚禮那一段。「但對於現在沒有跟那個人在一起感到不可思議……」讓人印象深刻的一段。妳說理佐適合結婚的那一段我也是深有同感。

山本　我是眞的那麼認爲。比起單身，結婚更適合理佐。

伊藤　不過那是我第一次被人那麼說。

Kera　我看過理佐婚禮的照片，天氣很好，楓葉的景色跟兩個人的表情就像是經過 PhotoShop 加工過一樣漂亮，像廣告般閃閃發亮著。羨慕死了。

山本　有辦婚禮眞是太好了對吧？

伊藤　對呀。雖然我那時小看了婚禮，但幸好有辦。

收藏幸福的能量

Kera　快樂的故事只有現在能寫、能畫，希望妳們繼續把它們寫出來、畫出來。我最近有在寫日記。因爲日記不會給別人看，所以不開心的事一件接著一件地寫。不過這樣子不行。以後再拿出來讀時會讓人心裡難受的，我會把它丟掉。

山本　不保管起來嗎？

Kera　那種東西保管起來也沒什麼用啊。

伊藤　我也是（笑）。之前我把十幾年的日記都丟了。

Kera　果然會不喜歡對吧？

伊藤　要是我死的時候留下這些日記就糟了（笑）。

Kera　雖然消極的故事或者灰暗的部分也能夠吸引人，但我認爲把新婚的幸福寫下來、畫下來，將它們收藏下來是很重要的一件事。看的人也會變得幸福。會一直有結婚的新人出現，大家都會享受那本書的內容，讓那本書長久地留在世上。

山本　妳說的是眞理呢（笑）。

Kera　幸福的故事是絕對必要的。但只有在幸福的時候才有辦法寫出、畫出幸福的故事。應該說，幸福的人的創作跟不幸福的人的創作，創作裡的能量是不同的。所以在這本書裡收藏了很多幸福的能量。

山本、伊藤　今後我們也要盡情地曬恩愛。非常謝謝 Kera 老師今天來和我們對談。

曬恩愛可以！
准許!!
真的可以嗎？

作者山本文緒　**漫畫**伊藤理佐　**譯者**陳銘博　**總編輯**林獻瑞　**責任編輯**葉慧蓁
封面設計一瞬設計　**內文排版**林姿秀

出版者十色出版事業有限公司 台北市辛亥路一段30號9樓
電話 02-2362-1240 **傳真** 02- 2363-5741
發行所晨星出版有限公司 台中市407工業區30路1號
電話 04-2359-5820 **傳真** 04-2359-7123 http://www.morningstar.com.tw
承製知己圖書股份有限公司 **電話** 04-23581803

初版 2013年5月1日　**定價**250 元
ISBN 978-986-5827-00-7

國家圖書館出版品預行編目資料

婚後時代：新婚人妻與再婚人妻的交換日記 / 山本文緒作 ; 陳銘博譯.
-- 初版. --臺北市 : 十色出版 ; 臺中市 : 晨星發行, 2013.05
面；　公分. -- (十色Love ; 8)
ISBN 978-986-5827-00-7(平裝)

1.婚姻

544.3　102005046

請填妥後對折裝訂，直接投郵即可，免貼郵票。

廣告回函
台灣中區郵政管理局
登記證第267號
免貼郵票

十色出版事業有限公司 收

407 台中市工業區30路1號

「十色客」大募集！

享受性福是成人的權利！我們開始拉幫結社，建立一個健康、樂活的性福樂園。不必大聲喧嘩，透過寧靜的出版、閱讀，十色客的力量與影響就能被看見！理念相同者，歡迎填妥背面資料剪下，寄回或傳真至（02）23635741，即時掌握十色客最新活動與優惠訊息。

十色客回函卡（0162008）

個人基本資料（有★號者為必填項目）

★姓名：＿＿＿＿＿　★ 性別：□男　□女　★生日：　年　月　日

★E-mail：＿＿＿＿＿

電話：（　　）＿＿＿＿＿　地址：＿＿＿＿＿

教育程度：□博士　□碩士　□大專　□高中　□國中　□國小

個人購物資訊

哪裡購買：

□博客來　□誠品　□金石堂　□何嘉仁　□7-11　□全家　□萊爾富

□大潤發　□家樂福　□其他＿＿＿＿＿

如何得知此書訊息：＿＿＿＿＿

□逛書店　□報紙雜誌　□網路書店　□朋友介紹　□電子報　□廣播　□店頭海報

□其他＿＿＿＿＿

喜歡何種促銷活動：

□贈品　□打折　□抽獎　□其他＿＿＿＿＿

購買本書原因：

□內容符合需求　□ 封面吸引人　□價格OK　□其他＿＿＿＿＿

你希望獲取下列哪方面的訊息：

□ 性愛技巧　□ 性愛保健　□ 性教育　□情色小說　□ 性文化

□ 其他＿＿＿＿＿

有話想告訴我們